KB151105

압축된 세계, 유튜브 경제 시대의 탄생

YouTube TREND 2022

압축된 세계, 유튜브 경제 시대의 탄생

YouTube TREND 2022

유튜브의 전성기는 이제 시작이다

왜 유튜브인가

유튜브는 도서관이자 놀이터다

"아침에 눈뜨면 TV를 틀고 유튜브 홈트 채널 보며 운동을 따라 하는 것이 하루의 시작이죠. 증권 채널 스트리밍은 출근길 스마트폰으로 확인하고, 잠자기 전 음악 플레이리스트 채널까지 하루 종일 수시로 유튜브를 보는 것 같아요."

서울에서 1인 가구로 사는 30대의 이야기다.

이렇듯 유튜브는 이미 우리 일상 깊숙이 스며들어 있다. 그만큼 강력한 서비스이자 플랫폼이다. 그래서 유튜브를 들여다보노라면 우리 생활과 사회의 변화상을 포착하고 이해하는 데 도움이 된다. 이것이 유튜브와 관련한 책을 굳이 쓰게 된 이유다.

2020년을 맞이하며, "유튜브가 세상을 담고 있다. 알고리듬을 알아야 한다"고 썼다. 우리 생활이 유튜브 속으로 들어가고 있다는 의미였는데, 코로나19 팬데믹까지 겹쳐 훨씬 더 공고한 흐름이 되었다. 플랫폼에 대한 이해가 중요해졌고, 유튜브 운영 알고리듬에 대해 비판적 시각에서 운영 책임을 촉구하기도 했다.

2021년의 초입에선 팬데믹과 함께 탈세계화와 거리 두기가 강조된 상황에서 '연결역량이 중요하다'는 명제를 앞세워 내용을 정리했다. 온라인·오프라인을 막론하고 결국 내가 속한 커뮤니티와 내가 구독하는 것 등 '연결된 내용이 나를 채운다'는 뜻에서 중요성을 강조했다. 유튜브는 그런 연결역량을 높이기 좋은 친숙한 동반자다. 마치 도서관처럼, 놀이터처럼 다양한 방식으로 상당한 역할을 해내고 있다.

물론 유튜브만이 이러한 역할을 담당한 것은 아니다. 넷플릭스와 틱톡, 페이스북과 인스타그램, 카페, 밴드 등 다양한 디지털 서비스가 있다. 하지만 팬데믹이 우리 일상을 꽉 움켜쥐고 있던 시간들을 돌아볼때 일상적으로 유튜브가 가장 큰 비중과 역할을 차지했다고 말해도 과언이 아니다. 틱톡이 급성장하면서 'Next YouTube' 논의가 종종 나오기도 하지만, 아직은 유튜브가 꼭짓점을 찍었다고 말하기엔 이르다. 오히려 커머스 연계 등을 통한 창작자 경제(creator economy)를 꽃피우며 수익화하는 관점에서 보면 전성기는 이제부터라고 할 수 있다.

재시동의 2022년, 유튜브가 삶의 속도를 높인다

유튜브는 친구다

2022년은 팬데믹의 그늘을 걷어내고 회복의 재시동을 거는 시기라 할 수 있다. 거리 두기와 비대면의 일상 속에서 불가피하게 생긴 많은 공백을 메우는 시기가 될 것이다. 집에서의 랜선 수업이 교실 수업을 대체하다 보니 또래 집단과 어울리며 누려야 할 '교류의 즐거움'을 놓친

학생들은 이제 반갑게 인사 나누며 웃을 수 있을 것이다. 비단 학생만이 아니다. 동시대를 살아가는 현대인 모두 '코로나 차단막'이 던져준 공포를 지우고 안정감을 얻기 위해 다양한 노력을 할 것이다.

다만, 2022년에 지향하는 그 회복은 단순히 코로나19 이전으로의 복귀는 아닐 것으로 여겨진다. EBS의 〈위대한 수업〉에 출연한 미국의 경제학자 폴 크루그먼(Paul Krugman)도 이와 관련한 예측을 했다. 그는 2023년에야 코로나19 이전의 2019년처럼 온전한 회복이 가능할 것이라고 말했다. 다만 원격 근무가 보편화하고 거대도시가 쇠퇴하는 등 단순히 2019년 시대로 복귀하는 식의 회복은 아닐 것이라고 전망했다.

근대화 시기, 대도시가 형성되고 사람들의 이동 시간이 줄어드는 등 시간과 공간의 압축 효과가 나타나면서 사회 움직임의 속도 또한 빨라졌다. 이제 유튜브 같은 디지털 플랫폼이 대도시 역할을 하며 시간과 공간을 압축하고, 우리 삶의 속도를 높일 것으로 생각한다.

창작자 경제와 미디어 판의 변화

유튜브는 시장이다

유튜브로 사람들이 모이니 주목받는 인기 채널이나 유튜버가 많아졌고, 자연스럽게 돈을 벌 수 있는 기회도 늘어났다. 유튜브가 광고 수익을 배분해주기도 하지만, 구독자가 유료 멤버십 회원으로 가입하기도 하고, 슈퍼챗으로 기부하듯 후원을 하기도 한다. 그리고 이제 유튜버가 직접 굿즈를 기획·제작해서 판매하는 경우도 늘고 있다. 바로 창작자 경제가 본격적으로 꽃피우기 시작한 것이다.

이는 미디어 지형도상 오랫동안 공고하게 유지해온 광고 중심의 수익 모델이 다변화하는 것을 의미한다. 그간의 일방향성 미디어 환경에서는 광고 모델이 수익의 근간이었는데, 디지털 시대를 맞아 쌍방향성 소통이 원활해지면서 직접 구독 및 후원 모델이 힘 있게 성장하고 있는 것이다.

창작자 경제는 미디어 환경을 건강하게 만드는 효과도 있다. 광고를 통한 수익 모델은 장점도 있지만, '클릭 장사'로 불리며 부작용도 컸다. 창작자 경제의 발돋움과 성장은 크리에이터와 이용자, 플랫폼 모두에 대안적 움직임이자 발전적 진화로 이해할 수 있다. 유튜브는 창작자 경제를 촉발한 의미 있는 기반 플랫폼이다. 앞으로 창작자 경제가 본격적으로 성장하는 데 중요한 역할을 하는 지원군이 될 것으로 기대한다.

이 책은 분절적인 구성이 특징이다. 챕터를 훑어보고 눈길 가는 대로 편하게 읽게 만들었다. 씨로켓에서는 2022년의 전망을 고민하며 7개 키워드를 알파벳 순서에 맞춰 골랐다. 유튜브와 미디어 세상, 나아가 우리 사회의 변화상을 고심하면서 단순한 조어보다는 메시지를 담는 데 주력했다. 그리고 강정수 박사와 김남훈 대표, 최광백 유튜버 등 3인과 각각 대담을 나누며 통찰과 지혜의 조언을 얻고 정리했다. 씨로켓 멤버들이 오랜 시간 열심히 수집하고 함께 토의해서 정리한 추천 채널 77개도 수록했다.

〈유튜브 트렌드〉는 시작부터 계속 함께하고 있는 이은북 황윤정 대표와의 공동 작품이다. 함께 고민하고 애쓴 덕분에 책이 탄생할 수 있었다. 편집부 황세정 에디터와 최유빈 에디터, 디자이너 이미경 실장님도 빼놓을 수 없는 고마운 분들이다. 이번에 새로운 콘셉트의 표지에는 김영철 대표가 도움을 주었다.

씨로켓리서치랩 멤버들은 이 책의 주춧돌이다. 지금은 독립해서 창업까지 했지만, 바쁜 와중에도 같이 작업해준 씨로켓 멤버이자 퀀텀점프 대표인 최광백 님을 비롯해 김창환, 홍영기 님이 애써주셨다. 퀀텀점프의 한지현 부대표도 유튜브 트렌드와 관련한 혜안을 보태주었다. 그리고 온라인 동영상에 전문성을 가진 디지털 스튜디오인 네오터치

포인트의 성세찬 PD 등 동료들도 현장감 있는 통찰과 아이디어를 얹어주었다. 강정수 박사는 Exciting f(x) 매체도 운영하면서 많은 공부를 통해 축적한 인사이트를 대담에서 자세히 풀어내 책을 풍성하게 만들어주셨다. 광고 회사 출신으로 디지털 스튜디오 훈픽처스를 창업해 활동 중인 김남훈 대표는 유튜브 채널 운영에 대한 귀중한 노하우와 현실적 조언을 보태주셨다.

책을 쓰는 과정은 스스로 부족함을 깨우치게 되는 고통스러운 시간이기도 하다. 그나마 한 발짝이라도 조금 더 나아지려는 고민과 노력이라는 점에서 위안을 찾는다. 늘 한결같이 곁에서 응원하고 챙겨준 아내와 딸 아들 지오준, 가족에게 고마운 마음을 전한다.

북 토크 행사 혹은 독자의 리뷰를 읽으면서 책을 매개로 서로 연결되고 소통하는 경험 자체가 (한편 부끄럽기도 하지만) 무척 소중하고 보람찼다. 관심을 갖고 이 책을 접한 분들이 조금이라도 안목을 넓히거나, 즐거움을 얻는 독서가 되길 소망한다.

김경달

PART 4. 2022년 주목해야 할 대한민국 유튜브 채널 77

끝날 것 같지 않은 코로나19 팬데믹,

2년이 되어가도록

우리의 활동은 자유롭지 않다.

그렇기에

사람들은 온라인에서

더욱 연결되길 원했다.

2021년 유튜브는

커뮤니티 연결, 사회 연결,

콘텐츠 연결을 통해

연결역량의 가치를 확장했다.

연결역량이 중요한 시대이던

2021년의 유튜브를 정리해본다.

PART

1

팬데믹 2년 차, 우리는 더욱 연결되었다!

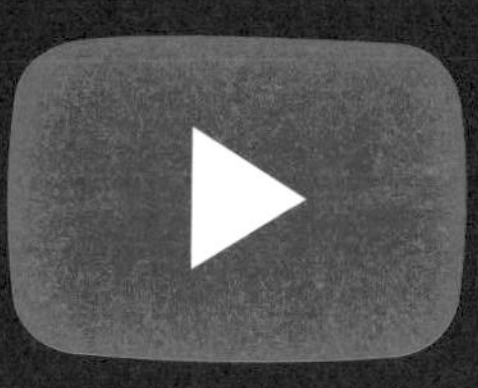

YouTube TREND 2022

연결역량이 중요한 시대, 2021년

사람들이 백신을 모두 맞으면 집단 면역이 형성되고 우리는 일상을 찾을 것이라고 생각했다. 하지만 2021년이 끝나가는 현재, 아직까지 코로나19는 진행 중이다. 조금만 방심하면 집단 감염으로 이어지는 탓에 사람들은 근 2년간 사회 활동을 자제해야 했고, 이제야 아주 조심스럽게 기지개를 켜기 시작했다.

의도치 않은 사회적 거리 두기는 사람들이 집에서 모든 활동과 욕구를 해결하게 만들었다. 폭발적인 성장을 이룬 기업은 이런 사람들의 욕구와 필요를 채워주는 분야였다. 대표로 배달 플랫폼이 눈부시게 성장했다. 2021년 8월 배달의민족 결제액은 1조 9,087억 원, 결제자수는 1,553만 명으로 역대 최대를 기록했다. 네이버는 2021년 3분기 결제 금액이 26조 원을 돌파하며 국내 e커머스 1위를 차지했다.

사람들은 오프라인에서 만남을 갖는 대신 온라인에서 정보를 찾고 시간을 보냈다. 그중 가장 많은 시간을 보낸 플랫폼은 유튜브였다. 모바일 환경에서 앱 사용 시간만으로 가장 오래 머무르는 앱 1위를 차지했다. 2021년 9월 한 달간 한국인이 가장 많이 사용하는 앱이었으며, 사용 시간은 총 701억 분이나 되었다. 2위 카카오톡 279억 분, 3위 네이버 197억 분과 비교해 3배가량 차이 나는 결과다.

그만큼 많은 사람이 유튜브에서 지식과 정보를 얻고 있다. 글로벌 경제 분석 기관 옥스퍼드 이코노믹스에서 발행한 〈한국의 기회를 위한 플랫폼: 한국 내 유튜브의 경제적, 사회적, 문화적 영향력 평가〉 보고서에 따르면 한국 사용자 중 96%가 유튜브를 통해 지식과 정보를 얻는 것으로 나타났다. 유튜브는 '2021년 유튜브 러닝 트렌드 리포트'를 통해 유튜브에서 지식과 정보를 얻는 유형을 소개했다.

사람들은 밀라논나와 박막례 할머니 같은 시니어 크리에이터를 통해 정보뿐 아니라 인생 경험과 지혜를 공유하고, 취업 및 커리어에 대한 다양한 정보와 팁을 〈면접왕 이형〉 같은 유튜브 채널에서 얻고 있었다. 〈김유진 미국변호사 YOOJIN〉 채널처럼 미라클 모닝이나 자기계발을 위한 채널 또한 인기가 많았고, 문화·인문 지식을 공유하는 〈조승연의 탐구생활〉 같은 채널도 많이 찾아봤다.

코로나19는 삶의 균형을 깨뜨렸다. 하지만 사람들은 홈트 채널을 보고 따라 하며 건강한 몸을 만들려고 했으며, 요가나 명상 콘텐츠를 보며 심리 건강도 챙겼다.

생활에 필요한 살림이나 청소 등 꿀팁 정보는 늘어나는 1인 가구와 팬데믹으로 격리된 사람들에게 무척 요긴한 콘텐츠였다. 블로그 검색을 통해 정보를 얻던 사람들은 이제 유튜브를 통해 자신의 궁금증을 해소했다.

〈유튜브 트렌드 2021〉의 슬로건은 '연결역량의 시대'다. 사람들은 끝나지 않은 코로나19 팬데믹을 이겨내기 위해 유튜브에서 더욱 긴밀히 연결됐다. 그 때문에 커뮤니티·사회·콘텐츠의 연결이 활발하게 일어난 한 해였다.

커뮤니티의 연결 :
구독자수보다 구독자와의 상호작용이 중요해지다

실시간으로 사람을 만나는 것이 어려워지자 유튜브가 실시간 소통 창구가 되었다. 유튜브 댓글로만 대화를 나누는 반모(반말모드)뿐 아니라 이슈 영상에 여러 채널의 크리에이터들이 댓글을 다는 것이 놀이처럼 확산되었다. 단순히 이슈 영상을 따라 하는 '코인 타기'를 넘어 그 영상을 찾아 함께 대화하고 댓글을 남기며 커뮤니티를 확장하는 것이다.

블로그를 운영할 때 이웃이나 방문자를 늘리기 위한 가장 기본적인 방법이 관심 주제를 운영하고 있는 다른 블로그에 가서 인사하고 정성스럽게 댓글을 다는 것이다. 한창 블로그가 인기를 끌 때 댓글을 통한 커뮤니티가 강력하게 생겼는데, 이제는 이 현상이 유튜브로 넘어왔다.

유튜브가 커뮤니티에 어울리는 매체라는 것은 유튜브 영상들을 보면 바로 알 수 있다. 마치 친한 누군가가 바로 앞에 있는 것처럼 말하듯 방송을 진행하는 경우가 대부분이다. 개인적인 일상을 친구에게 이야기하듯 진행하거나, 게임 리뷰를 할 때는 옆자리에서 같이 게임을 하는 친구에게 말하듯 설명해준다. 이러한 소통 방식은 유튜브를 강력한 커뮤니케이션 도구로 만들었다. 그러면서 구독자들은 적극적으로 댓글을 달았다.

실제로 유튜브 크리에이터들은 구독자의 반응을 확장할 수 있는 영상을 주로 만든다. 댓글에서 요청한 소재로 영상을 만들거나, 댓글만 모아놓은 영상을 만들기도 한다. 유튜버 과나의 경우 '그거 아세요?'라는 영상으로 사람들의 궁금증 댓글에 답했다. 이뿐 아니라 자신의 채널 커뮤니티 게시글을 통해 해명 영상을 만들고 싶은데, 해명할 거리가 없어 해명 요구를 해달라는 게시글을 올려 사람들의 해명 요구를 댓글로 받고, 이를 통해 영상을 만들기도 했다.

▼ 과나의 해명 영상은 구독자와의 커뮤니티가 어떻게 콘텐츠로 이어지는지 보여주는 좋은 사례다.

사실 해명 영상은 보통 어그로를 끄는 사건이나 잘못된 사건으로 사과를 하는 영상이다. 이것을 과나는 구독자들과 함께 하는 놀이로 만든 것이다.

현재 유튜브에서도 강력하게 밀고 있는 유튜브 라이브 방송은 커뮤니티를 실시간으로 옮겨 왔다. 유튜브 라이브 방송은 알고리듬의 추천을 받기 위한 필수 요소이기도 하다. 구독자들은 여기서 실시간 댓글로 크리에이터와 소통하는데, 크리에이터는 구독자의 댓글을 중간중간 읽어주며 상호성을 더욱 높이고 있다.

먹방 라이브를 하며 댓글을 읽고 설명해주는 영상, 라이브에 달린 댓글을 보면서 즉석에서 노래를 불러주는 영상 등도 구독자와의 커뮤니케이션을 공고히 하는 영상이다.

구경꾼이 많은 구독자를 보유한 채널보다 함께 이야기를 나누는 구독자를 확보한 채널이 많을수록 유튜브도 이득이다. 커뮤니티가 활성화될수록 사람들의 체류 시간이 길어지기 때문이다.

이에 2021년 10월부터 유튜브는 크리에이터들의 커뮤니티 생성 요건을 완화시켰다. 기존 1,000명 이상 구독자를 보유한 채널에서만 사용 가능했던 커뮤니티 기능을 이제는 500명 구독자 채널에서도 활용할 수 있게 되었다. 유튜브 커뮤니티 탭은 동영상을 올리지 않을 때도 시청자와 소통할 수 있는 도구다. 사진이나 텍스트 업로드뿐만 아니라 설문 조사, GIF 공유, @ 멘션도 가능하다. 또 게시물이 올라올 때마다 알림을 받도록 선택할 수 있다.

기업과 브랜드 또한 유튜브에서 직접 소통하기 시작했다. 가장 활발하게 커뮤니케이션하는 채널은 증권이나 재테크 관련 채널이다. 자체 방송 시간을 정해 투자 종목을 설명하고 라이브로 방송하면서 투자자의 궁금증을 풀어주며 고객을 모으는 중이다.

이렇게 유튜브 커뮤니티는 플랫폼의 지원과 크리에이터의 다양한 아이디어, 기업과 브랜드의 강력한 의지로 더욱 확장될 듯하다.

사회의 연결 :
소외되고 하찮은 세상의 목소리를 담다

예전에는 신문이나 TV에 나오지 않은 사건은 우리에겐 없는 일이었다. 세상에서 소외되고 약한 사람들의 목소리를 담아내기 위해서는 또 다른 많은 사람의 희생이 필요했다. 특히 우리는 장애인과 사회적 소수자들에게 놀라울 정도로 무심하고 무감한 경우가 많다. 이들의 이야기는 들어줄 곳도, 실어줄 곳도 없었다.

그런데 유튜브가 이런 사회의 목소리를 담아내는 창구가 되고 있다. 유튜버 새벽은 자신이 암 투병을 하고 있다는 사실을 유튜브에 영상으로 소개하며 암 환자에 대한 가감 없는 모습을 보여주었다. 뷰티 유튜버이던 그녀는 투병 기간 동안 병에 굴하지 않고 자신의 일상을 꾸려가며 마지막까지 사람들에게 희망을 주었다.

시각장애인 유튜버로는 최초로 실버 버튼을 받은 원샷한솔은 실제 우리 사회에서 시각장애인이 어떤 대우를 받는지 영상으로 보여주며 사회 인식을 변화시키기 위해 노력하고 있다.

전신 마비 장애인 박위 씨의 채널 〈위라클〉은 하반신 마비 장애인들의 일상을 보여준다. 정상인과 장애인 커플 이야기, 휠체어 스포츠뿐만 아니라 자신의 다양한 도전을 영상으로 소개하며 하반신 마비 장애에 대한 편견 없는 이해를 높인다.

▼ 〈위라클〉 채널에서는 하반신 마비 장애인의 일상을 솔직하게 보여주는 영상을 통해 장애인에 대한 편견을 없애고 있다.

이 외에도 자폐를 겪는 아이의 일상을 담은 브이로그를 찍으며 자폐인에 대한 이해를 높이는 영상, 흙수저인 자신의 생활을 리얼하게 보여주는 영상 등 다양한 삶의 모습을 우리는 유튜브를 통해 보고 이해하게 되었다. 유튜브는 기존 사회가 세운 벽을 넘는 목소리를 들려주며, 단절된 사회를 연결하는 역할을 하고 있다.

콘텐츠의 연결 :
밈과 부캐, 스핀오프가 보여주는 확장된 세계관

2021년 유튜브 콘텐츠 중 대세는 밈과 부캐, 스핀오프였다. 올해 초 뜬금없는 밈이 확장되었다. 미국 대통령 취임식 때 이슈가 된 것은 바이든 대통령이 아니라 손모아장갑을 끼고 패딩 점퍼를 입은 채 앉아 있는 버니 샌더스 상원 의원이었다. 추워서인지, 불만이 있어서인지 간이 의자에 웅크리고 앉아 있는 모습은 무려 10만 개의 짤을 만들어냈다.

사람들은 한껏 차려입고 참가한 다른 정치인이나 유명인과 달리 실용적 복장을 한 샌더스 의원에게 열광했다. 실제로 자신의 사진이 이슈가 된 후 버니 샌더스 의원은 인터뷰에서 그저 따뜻하게 입고 싶었을 뿐이라고 밝히기도 했다.

유튜브에서 밈은 콘텐츠와 놀이를 결합해 더욱 확산되었다. 특히 방송 자료와 뮤직비디오를 재미있게 편집한 유튜브 영상이 인터넷 밈으로 확장되곤 했다. MBC 〈무한도전〉에 출연한 할아버지가 무한도전 구호 대신 "무야호"라고 외친 장면이 인터넷 밈으로 재탄생하기도 했고, 유튜브 예능 프로그램인 〈머니게임〉의 대사가 밈으로 확장되기도 했다.

2020년 최고의 부캐가 유두래곤과 유야호였다면, 2021년 최고의

▼ 〈피식대학〉의 한사랑산악회에 등장하는 캐릭터들은 많은 스타의 개인기 소재가 되고 있다. 각 캐릭터는 자신만의 유행어로 캐릭터의 개성을 보여준다.

부캐는 이호창 본부장과 최준 사장 아닐까 싶다. 현실인지 가상인지 헷갈릴 정도로 자신만의 세계관을 창조해 놀이로 삼는 문화가 유튜브를 중심으로 급속하게 퍼져갔다.

〈피식대학〉 채널에 출연하는 개그맨 김해준은 'B대면 데이트'에서 해외로 커피 유학을 다녀온 카페 사장 최준이 되고, '05학번 이즈백'에서는 쿨제이라는 이름의 05학번 마초 선배가 된다.

김갑생할머니김 미래전략실 이호창 전략 본부장과 한사랑산악회의 이택조, 〈빵송국〉의 대표 보이 그룹 매드몬스터의 제이호의 본캐가 개그맨 이창호라는 것을 모르는 사람은 없다. 하지만 사람들은 이들을 모두 다른 인격체로 대한다.

이러한 부캐 열풍은 일반인도 자신의 본캐와 부캐를 나누어 활동할 정도로 일반화되었다. 본업은 회사원이지만, 부캐로 주식 방송을 하는 유튜버 X로 활동하는 등 자신의 역할을 나눈다. 부캐의 확장은 드러나는 모습만으로는 자신의 여러 관심과 흥미를 모두 표현하기 힘든 현대인에게 다양성을 발현하는 도구로 활용되는 중이다.

또 유튜브 최고의 부캐 스타를 만들어낸 〈피식대학〉 채널은 드라마의 캐릭터 관계도처럼 채널 코너의 캐릭터를 연결시킨 세계관도 만들어냈다. 예를 들어 한사랑산악회의 이택조는 '05학번 이즈백' 반유니의 아빠이며, 개그맨 이창호의 삼촌이다. 이들이 만들어내는 콘텐츠는 확장된 세계관 아래 다양하게 펼쳐진다.

유튜브 알고리듬의 인도로 꼬리에 꼬리를 물 듯 콘텐츠를 소비하는 경향은 이렇게 세계관이 연결된 콘텐츠를 자연스럽게 소비하게 하고, 그 안에서 함께 콘텐츠를 즐기도록 유도했다.

마지막으로 유튜브 내에서의 캐릭터의 확장, 세계관의 확장을 통한 콘텐츠의 연결 외에도 다양한 스핀오프(spin-off) 콘텐츠를 통한 연결과 확장도 이루어진다. 스핀오프는 본편에서 따로 파생된 작품을 말하는데, 본편에서 다 보여주지 못한 내용이나 확장된 내용을 스핀오프를 통해 보여주는 식이다.

코미디TV의 간판 프로그램 〈맛있는 녀석들〉은 멤버들이 건강을 되찾으면 좋겠다는 시청자들의 의견을 반영해 〈시켜서 한다! 오늘부터 운동뚱〉과 〈오늘부터 댄스뚱〉이라는 스핀오프를 만들어냈다. 모든 운동을 잘해내는 김민경은 스핀오프 시리즈를 통해 더욱 인기를 얻었으며, 댄스뚱 문세윤은 스핀오프 캐릭터를 확장한 부끄뚱이라는 부캐로 자신의 노래를 발표하기도 했다.

tvN 〈신서유기〉에서는 멤버들이 나온 스핀오프 프로그램 콘텐츠를 유튜브로 확장해 인기를 끌고 있다. 강호동의 〈라끼남〉, 이수근의 〈나홀로 이식당〉부터 최근에는 〈송민호의 파일럿〉, 〈운동천재 안재현〉 등으로 각 멤버를 내세운 프로그램을 만들어 시청률과 조회수를 높이고 있다.

이렇듯 방송에서도 스핀오프와 부캐 등을 적극적으로 활용 중이다. 이는 방송과 유튜브 콘텐츠의 경계가 허물어지면서 콘텐츠 결이 더욱 확장되었기 때문이다. 유튜브 초기 메이킹 영상 정도만 만들어 공개했던 기존 방송국들은 이제 거대해진 유튜브 안에서 수없이 많은 짤과 클립, 새로운 프로그램으로 유튜브 시청자들의 눈을 사로잡고 있다.

이슈로 짚어본
2021년 유튜브 세상

재테크와 부동산을 빼고 유튜브 채널을 논하지 마라!

2021년 유튜브 영상을 논할 때 부동산과 주식, 재테크를 빼고 말하기는 어렵다. 은행, 증권 회사, 펀드 회사 등 기업 유튜브는 자체 애널리스트들의 분석을 경제 케이블 TV 방송처럼 편성표를 짜서 제공한다. 심지어 미래에셋 〈스마트머니TV〉에는 미래에셋대우 박현주 회장이 직접 출연해 자신의 투자 철학과 노하우를 밝히기도 했다. 제작 콘텐츠뿐만 아니라 라이브 방송을 통해 빠른 정보를 전달하며 구독자 확장과 동시에 고객에 대한 신뢰를 얻고 있다.

이 외에도 가장 대표적인 국내 경제 유튜브 채널인 〈삼프로TV〉

▼ 미래에셋대우 유튜브에 직접 출연해 투자 관련 정보를 전달하는 박현주 회장. 회장이 직접 출연한다는 이슈를 통해 채널 신뢰도를 높이고, 초기 채널을 홍보하는 효과를 거두었다.

와 〈슈카월드〉 사례도 있다. 〈슈카월드〉 진행자 전석재 씨가 〈삼프로TV〉의 모회사 이브로드캐스팅의 공동 대표이사로 이름을 올리며 공격적인 활동을 펼쳤다.

금리 1% 시대에는 똑똑하게 자신의 자산을 키워나가야 한다. 요즘 20대 청년 중 주식을 하지 않는 사람이 없을 정도로 재테크는 모두의 관심사가 되었다. 2021년 2월 한국언론진흥재단 미디어연구센터의 설문 조사에 따르면 유튜브에서 즐겨 이용하는 콘텐츠가 경제·금융·재테크라는 답변이 2위를 차지했다. 자신의 구독 리스트에 재테크와 부동산 채널 하나씩은 들어가 있는 게 2021년 풍경이다.

스타 파워, 유튜브를 점령하다!

이미 유튜브는 레드오션 채널이 되었다. 개인이 유튜브 채널을 개설해 구독자 1만 명을 모으기가 쉽지 않다. 반면, 인지도와 팬덤으로 무장한 스타들은 유튜브로 진출해 순식간에 구독자를 모았다. 대표적인 것이 〈김종국 GYM JONG KOOK〉 채널이다.

2021년 6월 개설한 이 채널은 한 달 반 만에 구독자가 200만 명을 넘어설 정도로 인기를 끌었다. 김종국이 운동 중독처럼 보일 정도로 운동에 진심이라는 것은 잘 알려진 사실이다. 하지만 방송에서는 그의 운동법이나 노하우를 공개한 적이 없었다. 그런 그가 유튜브 채널을 개설하니 당연히 사람들의 관심이 폭발했다.

이 채널에는 그의 운동 노하우뿐만 아니라 평소 보기 힘든 그의 먹방과 감미로운 라이브 뮤직비디오까지 올라온다. 이 모든 것이 김종국의 모습이라는 것을 알고 있기에 구독자들은 많지 않은 그의 영상에 환호하며 댓글을 달고 있다.

스타들의 유튜브 진출은 레거시 미디어만으로는 더 이상 스타성을 지켜나가기 힘들다는 증거이기도 하다. 유튜브가 TV가 된 시대에는 스타들이 직접 채널을 만들고, 이를 통해 수익을 확장하며 팬들과 소통하는 것이 당연할 수밖에 없다. 다만 유튜브는 일반 크리에이터에게는 기회의 문을 활짝 열어주기 힘든 플랫폼이 되어가는 듯하다.

사과하고 6개월 후 복귀? 유튜버 복귀의 법칙

2020년에는 '죄송합니다'라는 영상 제목이 유행할 정도로 유튜브 뒷광고 논란이 심했다. '내돈내산'이라고 리뷰한 콘텐츠가 알고 보니 협찬이거나 광고였기 때문이다. 이 사건을 통해 많은 유튜브 인플루언서가 사과를 했고, 유튜브 활동을 중지했다. 그런데 이들 중 많은 유튜버가 다시 활동을 시작했다.

복귀한 시기를 살펴보니 약속이나 한 듯 6개월이었다. 알고 보니 '유튜버 6개월 복귀 법칙'은 유튜버의 수익 창출 조항 때문이었다. 유튜브는 콘텐츠로 확보한 조회수와 광고 등으로 수익을 창출하는데, 이 수익은 해당 콘텐츠를 올린 유튜버에게도 지급된다. 그런데 유튜브 운영 조항에는 6개월 이상 채널을 운영하지 않으면 수익 창출이 중단된다는 조항이 존재한다. 그렇기 때문에 유튜브를 완전히 떠난 것이 아니라면 이슈가 잠잠해진 후 조용히 활동을 시작하는 것이다.

가짜 뉴스로 어그로를 끌어 활동을 중지한 유튜버가 사과한 지 얼마 지나지 않아 바로 활동하는 사례도 있었다. 유튜브 〈가로세로연구소〉 채널의 연예부 기자 출신 진행자는 연예인들의 사생활을 폭로하다 자신의 추행이 공개되어 수세에 몰리자 눈물을 흘리는 영상을 올리며 방송 중단을 선언했다. 냉정하게 자신을 돌아보고 혹독하게 반성한 후 돌아오겠다는 그는 2주 만에 복귀했다.

▼ 마치 한 편의 영화를 보는 것 같은 그랑사가 광고 영상. 출연진만 13명으로 김강우, 신구, 이경영, 유아인, 조여정, 태연 등 슈퍼스타가 총출동했다. 어린이 연극제라는 콘셉트에 맞춰 스타들이 모두 5등신으로 나오는 것이 포인트. 어린이 연극제 수준이 매우 높다.

물론 잘못을 평생 가져가야 하는 것이 아니고 구독자들은 그들의 영상을 기다리고 응원할 수 있다. 다만 잘못을 했다면 충분한 반성을 하고 이후 똑같은 잘못을 하지 않기 위한 방법을 자세히 밝히는 것이 구독자와의 신뢰를 더욱 단단하게 만드는 방법이 아닐까 생각한다.

B급 영상의 퀄리티가 폭발하다

수많은 영상 중 우리가 제작한 영상이 눈에 띄게 하려면? 재미 가득한 B급 영상은 병맛과 웃음 코드를 넣어 사람들에게 바이럴을 일으킨다. 그래서 많은 유튜버가 조회수 확장, 구독자 확보를 위해 B급 영상에 도전한다. 하지만 사람들의 호응을 이끌어내기 위해서는 그만큼 잘 짠 스토리와 구성이 필요하다. 정관장 정몰 광고, 브롤스타즈 광고, 그랑사가 '연극의 왕' 광고는 한 편의 잘 짠 콩트를 보는 듯한 느낌이다. B급이지만 높은 퀄리티에 감탄하고 보게 되는 것.

바이럴이 잘되는 영상은 웹에서 스스로 확산될 수 있고 생명력을 지녀야 한다. 광고의 메시지와 웃음 포인트, 스토리라는 삼박자가 잘 맞아떨어져야 제대로 확산될 수 있는 것이다.

이전까지 유튜브에서는 개인 크리에이터가 병맛 코드를 넣은 B급 영상이 유행했다. 하지만 유튜브에 사람들이 몰리면서 즐거움의 코드는 남기되, 누구나 감탄할 수 있는 바이럴 영상이 필요해졌다. 이는 그만큼 퀄리티를 높일 수 있는 자본이 들어간다는 뜻이다.

상반기에 그랑사가 영상이 인기를 끌었다면, 하반기에는 미원 영상이 히트였다. 요리에 맛을 더해준 '미원'을 조연 콘셉트로 재미있게 그려냈다. "한 걸음 뒤에 항상 내가 있었는데 그대~"라는 '인형의 꿈' 노래 가사가 찰떡처럼 맞아떨어진 광고였다. 마지막 65년의 역사를 보여주는 장면은 묘한 감동마저 자아내게 만든다. 몸에 좋지 않다고 오해받던 미원이 이 광고로 옛 기억을 떠올리게 만들며 전 세대의 호응을 얻었음은 물론이다.

크리에이터, 대형 기획물 제작자가 되다!

〈가짜 사나이〉, 〈머니게임〉, 〈좋좋소〉의 공통점은? 바로 유튜버가 직접 제작한 웹 예능, 웹 드라마라는 것이다. 이들은 엄청난 성공을 거두며 OTT나 레거시 미디어로 콘텐츠를 확장했다. 유튜브로 돈이 몰리면서 유튜브 콘텐츠도 대형화되었다.

〈머니게임〉은 동명의 네이버 웹툰을 웹 예능으로 각색한 것이다. 밀폐된 공간에서 14일 동안 살아가야 하는 참여자는 프라이빗 룸 안에서 필요한 물건을 주문할 수 있다. 룸에는 화장실도 없기 때문에 모든 것을 주문해야 한다. 또 물건은 주문 금액의 100배가 차감되는데, 총상금 4억 8,000만 원을 끝까지 버틴 참가자들이 나눠 갖는 방식이다. 유튜버 진용진이 제작했으며, 사건의 흐름을 압축적이고 역동적으로 편집해 유튜브 시청자에게 인기를 끌었다.

〈좋좋소〉 총감독 빠니보틀은 여행 채널을 운영하다 코로나19로 급히 귀국해야 했다. 여행을 하기 힘드니 무엇을 해야 할지 막막해하던 그는 우연히 웹 드라마를 함께 만들어보자는 제안을 받았다. 시나리오 작법이나 웹 드라마 제작 경험이 없었지만, 오히려 이것이 유튜브의 문법에 맞춰 다양한 시도를 하게 만들었다. 중소기업에 다니는 '이 과장'의 일상을 보여주는 에피소드로 구성했는데, 현실적이고 실감나는 캐릭터를 탄생시켰다.

시즌 1, 2는 말 그대로 대박이 났다. 출연한 '이과장' 또한 엄청나게 인기를 끌었다. 〈좋좋소〉의 첫 다섯 편의 제작비는 1,000만 원 정도였다. 원래는 다섯 편만 찍고 끝내려고 했는데, 영상이 큰 인기를 끌자 제작 지원 요청이 들어왔고, 그중 가장 좋은 조건을 제시한 왓챠의 제작 지원이 결정되어 기업체 협찬을 받으며 규모를 더 키울 수 있었다. 총감독 빠니보틀은 시즌 3까지만 연출하고, 본업인 유튜버로 돌아가겠다고 선언했다. 그는 자신의 말대로 2021년 8월부터 다시 여행을 다니며 영상을 올리고 있다.

유튜브 웹 예능, 웹 드라마의 대형화는 콘텐츠 제작에 경계가 사라졌다는 것을 보여준다. 제작자 또한 유튜버 경험만 있는 사람들이었다. 공중파 감독이 되기 위해서는 조연출 기간을 일정 기간 거쳐야 한다. 하지만 유튜브는 이런 틀을 무너뜨렸다. 유튜브에서는 얼마든 큰 수익을 거둘 수 있기 때문에 많은 이가 이를 위해 콘텐츠를 더욱 대형화하고, 다양한 형식을 실험할 것으로 보인다.

누구는 그렇게 말한다.
유튜브는 더 이상 이슈가 되지 않는다고.
하지만 새롭게 관심을 갖게 된
미디어가 더 이상 새롭지 않다는 건
이미 그 미디어가
우리 삶 속으로 스며들었다는
의미이기도 하다.
이제 사람들은 5분간 TV 방송을 보고
바로 유튜브를 찾아 20분 동안
즐기게 되었다.
2022년에는
일상으로 깊숙이 들어온 유튜브가
다양한 사회적 영향력을 강화해갈 것이다.
더불어 유튜브에서
여러 경제활동이 늘어나며
유튜브가 경제 권력까지 장악하는
한 해가 될 것이다.
A to G까지 7개 키워드를 통해
2022년의 유튜브 변화를 살펴본다.
이를 통해 미디어의 지형도 변화 또한
함께 파악해본다.

2022 YouTube Trend Keyword 7

Accelerating Life 가속화된 삶 | Broadcasting All 모두의 방송국 | Commerce Blooming 꽃피는 커머스 | Democracy Matters 관건은 민주화 | Experience the World 체험의 공유 세계 | Fandom Marketing 팬덤 마케팅 | Global Village 연결된 지구촌

PART

2

2022년 유튜브 트렌드 키워드 7

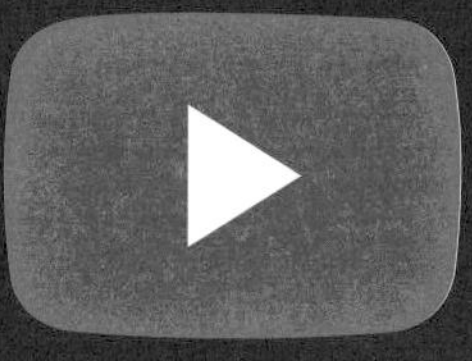

YouTube TREND 2022

2022년, 당신의 하루

등장인물

10대 : 서희 / 20대 : 지수 / 30대 : 영기, 용수 / 40대 : 강태 / 50대 : 희숙, 재규 / 60대 : 만수

동이 틀 무렵 새벽빛이 방 안에 머무르는 6시경. 1~2분 간격을 두고 각자의 폰에서 서로 다른 BGM의 알람이 울린다. 며칠 전부터 제대로 잠을 자지 못한 강태는 대한민국의 평범한 40대 남성이다. 오늘은 침대에서 계속 뒤척이다 3시간 정도 선잠을 잤다. 전세 만기일이 얼마 남지 않았기 때문이다. 몽롱한 정신을 일깨우고자 〈땅끄부부〉 채널의 미라클 모닝 운동 루틴 영상을 틀었다. 불안한 마음을 아침 운동 루틴으로 조금이라도 해소하려는 것이다.

작은방에 있는 열한 살 서희는 아빠인 강태보다 일찍 일어났으나 숨을 죽여 잠든 척하며 몰래 폰을 켰다. 간밤에 〈오마이비키〉 채널에 올라온 영상을 보고 싶은데 들키면 이 좋은 아침을 엄마에게 혼나며 시작해야 하기 때문이다. 비키가 피아노 학원에서 연습하기 어려워하며 벌어진 에피소드라는데, 댓글로 달린 또래 친구들 이야기가 너무 재미있다.

희숙은 요새 전원주택에 꽂혀 있다. 도시는 집값이 너무 비싸다. 부부인 희숙과 재규의 직장 생활도 얼마 남지 않았다. 둘이 자가로 살고 있는 집을 아들인 영기에게 주고 외곽으로 넘어갈까 재규와 한창 고민 중이다. 요새 〈전원주택박사 대성부동산〉 채널에 매물로 올라오는 주택과 택지 중 매력 있는 것들이 꽤 있다. 소개된 집들을 좀 더 자세히 알아보고 싶다. 영기에게 카톡을 보내본다.

'아들, 출근하고 있어?'

〈슈카월드〉를 보고 있던 영기에게 도착한 어머니의 카톡. 보나 마나 채널을 더 알려달라는 얘기일 것이다. 아니면 부동산 얘기겠지. 요새 어머니 희숙은 유튜브에 푹 빠져 있다. 6년 전에 산 구형 스마트폰을 신형 스마트폰으로 바꾼 지 얼마 안 됐는데, 그때부터 유튜브 앱을 새롭게 깔더니, 한가할 때마다 영상을 보며 재미를 느끼기 시작했다.

"무슨 비디오가 검색하면 이렇게 다 나와?"

영기가 본가에 갈 때마다 어머니는 감탄한다. 〈슈카월드〉를 보며 부동산 관련 채널을 더 찾아보기 시작한다. 동시에 〈슈카월드〉에서 며칠 전에 올린 '메타버스란 게 도대체 뭔가?'라는 영상을 발견하고는 아버지에게 URL을 보낸다. 마침 요새 뜨고 있는 신사업 관련주에 대해 슈카가 썰을 푼다.

재규는 퇴직을 목전에 두고 있다. 직장에서 임원으로 일한 지도 벌써 2년, 슬슬 부하 직원의 눈치가 보인다. 더 이상 올라갈 수도 없을 것 같다. 하지만 아직 더 일할 수 있다. 아니, 하고 싶다. 긴 시간 여행을 가고 쉬고 싶은 마음도 있지만 그러고 나면 더 이상 일할 수 없을 것 같다. 이렇게 사회생활을 마무리 짓고 전원에서 여생을 보내고 싶은 마음은 별로 없다.

때마침 IT 회사에서 관리직으로 있는 친구가 요새 메타버스가 뜨고 있다는 말을 해주었다. 메타버스가 뭐지? 며칠 전 아들 영기에게 물어보았더니 유튜브 URL을 보내주었다. 재규는 머리도 식힐 겸 〈라오스 오지마을 한국인〉 채널을 봤다. 애들 노는 모습이 자신이 어릴 때 놀던 것과 똑같았다. 이걸 다 보고 메타버스 관련 영상을 봐야겠다.

결국 서희는 〈오마이비키〉 채널 영상을 보다 엄마에게 들켰다. 다행히 크게 혼나지는 않았다. 잠을 잘 못 잔 날 아침이면 엄마는 힘이 별로 없다. 음식 가리지 않고 아침 잘 먹고 부리나케 준비한 후 원격 등교를 준비했다. 아, 어제 못한 숙제가 있었지. 선생님께서 영상 2개를 보고 느낀 점을 A4 반 장 분량으로 적으라고 했다.

선생님은 〈널 위한 문화예술〉 채널의 루브르 박물관 편과 '예술과 사랑에 빠지는 6가지 방법'이라는 영상 URL을 공유해주셨다. 선생님은 유독 예술과 관련된 얘기를 할 때면 말을 얼버무리곤 한다. 차라리 그럴 거면 지금처럼 영상을 보고 느낀 점을 적으라고 하는 게 훨씬 속 편하다. 적어도 이 영상의 텔러가 선생님보다 더 재미있고 자세히 알려준다.

초등학교 교사 지수는 요즘 혼란스럽다. 학생들을 직접 만나 교실에서 가르치기 위해 임용 시험을 치렀는데, 부임하자마자 터진 코로나19로 교육 정책이 시시각각 바뀌기 때문이다. 수시로 변하는 정책은 현장 사람들을 매우 피곤하게 만든다. 많은 선배 선생님이 지친 얼굴을 하고 있다. 이마저도 3분의 1가량뿐이다.

지수는 부임한 지 얼마 되지 않긴 했지만, 선생님들을 다 만나지 못했다. 그나마 다행인 건 유튜브 영상을 수업 자료로 다양하게 활용할 수 있다는 점이다. 특히 지수는 예술에 관심이 적었는데, 유독 예술 관련해서 물어보는 학생이 꽤 되었다. 마침 친구가 예술 영상을 만드는 회사에서 일하고 있어 그 회사 채널의 영상을 홍보할 겸 과제로 내주었다.

지수의 대학 친구들 중에서는 아직 취업하지 못한 친구들이 많다. 동기 단톡방이 있는데 그중 한 명이 어제 미친 사람을 봤다며 영상 하나를 톡방에 올렸다. 〈정신못차린 취준생〉이라는 채널인 것 같았다.

컴퓨터 활용 능력 자격시험, 즉 컴활을 4수나 했다는 것. 썸네일을 보며 너무 다행이라는 생각을 했다. 나만 5수 한 것은 아니구나. 편집 능력이 실로 장인이다. 편집 실력이 이 정도인데 왜 공기업에 가겠다고 아직까지 준비하지? 나 같으면 전업으로 유튜버를 하든가 연봉 높여서 편집자로 살겠다. 아닌가, 그럼 인생이 불안해질까? 아 맞다. 남친에게 카톡 온 것이 이제야 생각나 톡을 한다.

'오빠, 그래서 갤럭시 플립 샀다고? 폴드 샀다고?'

용수가 산 건 플립이었다. 일주일 전 〈주연 ZUYONI〉 채널에 올라온 플립 리뷰를 봤는데 안 사고 배길 수가 없었다. 특히 풀 화면을 폈을 때 기가 막히게 커지는 영상 화면에 정신을 놓았다. 주연 님의 나긋나긋 정확하게 귀에 들어오며 너무도 유쾌한 멘트와 디테일한 정보도 구입 결정에 한몫했다. 자급제로 주문한 플립은 어제 도착해 바로 개통했다.

그 얘기를 신이 나서 지수에게 얘기했는데, 아직도 기억하지 못하고 플립이냐 폴드냐 물어본다. 그래, 이런 것도 그녀의 매력이지. 가끔은 이런 허당미도 귀엽다.

이번 주는 지수와 함께 어디를 가볼까? 어제 플립을 통해 본 〈프레스티지 고릴라〉의 포포인츠 명동 리뷰 영상이 기억난다. 서울의 뷰 좋은 호텔 중에서도 여긴 압도적이라는데, 일전에 남산 뷰가 좋은 호텔로 호캉스를 갔더니 지수가 매우 좋아했던 게 생각난다. 요새 코로나

4단계라 어디 가기도 힘드니까 지수에게 넌지시 물어봐야겠다.

'플립 ㅋㅋ 어제 말했잖아 ㅠㅠ 근데 자기야, 이번 주에 좋은 데 갈래? 영상을 하나 봤는데 말이야.'

만수가 본 영상은 광복절에 광화문에 모여달라는 내용이었다. 나라가 어지러우니 국민들의 지지가 필요하다는 내용이었다.

'뭐라는 거야, 코로나 4단계다. 모이면 더 어려워질 뿐이다.'

댓글을 쓰려다가 참았다. 내 나이 60대. 친구들도 정치 성향이 극명하게 나뉘어 친구 사이마저 갈라지는 나이다. 혹시 댓글을 썼는데, 누가 나인 것을 알고 물으면 내 처지만 곤란해질 뿐이다.

이런 극단적 논리로 얘기하는 정치 유튜브 채널을 보고 맹신하고 추종하는 친구들이 만수는 이해가 되지 않았다. 유튜브가 내 나이를 인식했나? 요새 정치 관련 영상이 너무 많이 뜬다. 다시 영상을 바꿔 튼다. 운전하며 이동할 때는 〈한문철 TV〉가 최고다.

시간과 공간이 압축된 유튜브, 이제는 경제활동 공간으로 확장되다!

끝나갈 것 같았던 코로나19 팬데믹은 아직도 진행 중이다. 초기의 희망적인 전망과 다르게 많은 국가에서 위드 코로나(With Corona)를 준비하고 있다. 마스크를 벗기엔 아직 불안한 점이 많다. 그리고 2년간의 코로나 시대는 사회적으로 많은 변화를 가져왔다.

우선 사람들이 모일 수 없게 되자 이를 대체하는 기술이 다양한 분야에서 활성화됐다.

리테일은 온라인 중심으로 완전히 재편되었다. 명동 한복판의 점포들에 '임대' 표지판이 걸렸고, 공장은 제조 공정의 많은 부분을 자동화했다. 노동집약적인 산업보다는 기술집약적인 산업이 더욱 커졌다. 최종 포장, 운반 단계에만 노동력을 투입하는 식이다. 이제는 로봇이 운반까지 담당하는 실험이 이뤄지고 있다. 상상으로만 여긴 드론·무인 배달이 본격적인 시험에 들어갔으며, 이미 식당에는 서빙 로봇이 심심찮게 보인다.

가장 큰 변화는 업무 환경에서도 일어났다. 사람들은 이제 더 이상 오프라인 회의실에서 모이지 않아도 의견을 나누고, 아이디어를 나누는 것을 불편해하지 않는다. 화상회의 시스템을 활용해 함께 회의를 한다. 일부는 가상공간의 오피스에 입장해 업무를 보기도 한다.

재택근무의 효율성을 체험한 사람들은 팬데믹이 끝나고 재택근무제가 자리 잡기를 원한다. 이는 주 4일 근무제보다 더 현실적이고, 업무 성과와 효율을 높일 수 있다. 기업은 제반 운영 비용을 절감하기 위해 재택근무를 고민하고 있다. 사용자와 근로자 모두에게 효율적인 시스템으로 여겨지면서 이후 근무 환경이 크게 바뀌리라고 예상한다. 실제로 좋은 청년 인재를 영입하고 싶다면 재택근무제를 실시하라는 이야기도 있다.

집에서 대부분의 시간을 보내야 하는 사람들은 집 안에 자신만의 공간을 만들어 취미를 즐기고, 그 안에서 새로운 활동을 찾아냈다. 영화관 대신 OTT를 구독하고, 취미와 학습을 온라인으로 해결했다. 온라인 클래스 서비스가 폭발적으로 성장했고, 사람들은 배움의 욕구와 스트레스 해소를 위한 힐링, 재미까지 온라인 서비스에서 찾았다.

유튜브는 심지어 돈 없이도 최대한의 즐거움을 찾을 수 있는 창구 역할을 했다. 덕분에 유튜브의 모회사 알파벳은 코로나19 팬데믹에 매 분기 사상 최대 수익률을 갱신했다. 2021년 2분기 알파벳은 또다시 시장 기대치를 웃도는 사상 최대 매출과 순익을 올렸다. 2분기 총매출은 618억 8,000만 달러로 전년 대비 68% 증가했으며, 이 중 유튜브 광고는 70억 달러로 84% 증가했다. 이는 사람들이 유튜브를 얼마나 많이 보는지 알려주는 증거이기도 하다. 사람들은 유튜브 영상을 보면서 광고도 함께 소비한다.

이제 사람들은 유튜브에서 모든 욕구와 필요를 해소한다. 요리를 하고 싶을 때, 혼자서 밥 먹기 외로울 때, 화장실 변기가 막혔을 때 필요한 정보와 자신을 즐겁게 해줄 오락을 유튜브에서 찾는다. 개인의 일상이 모두 유튜브와 엮여 있다.

또 우리의 모든 생활과 엮인 유튜브는 새롭고 강력한 경제 공간으로 떠올랐다. 사람들은 유튜브를 통해 정보를 얻고 쇼핑을 하며 생활에 필요한 것은 무엇이든 소비한다. 기업은 유튜브에 광고를 하며, 크리에이터는 유튜브를 통해 돈을 번다. 생산과 소비가 한곳에서 이루어지는 세계가 유튜브에 펼쳐진 것이다. 앞으로는 유튜브가 글로벌 경제 권력까지 좌우할 것으로 예상한다.

이렇게 콘텐츠부터 커머스까지, 유튜브는 세상에서 이루어지는 모든 활동을 자신의 영역으로 가져왔다. 유튜브 유니버스라 할 만하다. 그리고 유튜브는 새로운 서비스를 자신의 것으로 받아들이며 더욱 확장되고 있다.

이런 현상에 맞춰 2022년의 유튜브 변화를 7개 키워드로 정리했다. 'Accelerating Life(가속화된 삶)','Broadcasting All(모두의 방송국)', 'Commerce Blooming(꽃피는 커머스)', 'Democracy Matters(관건은 민주화)', 'Experience the World(체험의 공유 세계)', 'Fandom Marketing(팬덤 마케팅)', 'Global Village(연결된 지구촌)'라는 키워드를 통해 더욱 확장된 유튜브 세계를 진단해보고자 한다.

유튜브,
우리 생활의 속도를 가속하는
액셀이 되다!

: Accelerating Life 가속화된 삶

'빠름 빠름 빠름~'

무려 10년 전 빠른 인터넷 LTE 서비스를 홍보하기 위한 카피였다. 이제는 LTE 시대를 넘어 5G 시대다. 1999년 최고 속도 64Kbps 수준이던 무선인터넷은 10년이 지난 2009년에는 최고 속도 7.2Mbps로 빨라졌다. 2020년 발표한 시스코 연례 인터넷 보고서에 따르면 5G 시대의 인터넷 속도는 2023년까지 평균 속도가 초당 575Mbps일 것으로 예상된다. 10년 만에 무려 79배가 빨라진 것이다.

이런 속도의 변화는 인터넷을 새로운 어떤 것이 아니라, 마치 공기처럼 생활 속 필수재로 인식하게 했다. 파일 하나 다운로드받는 데 몇십 분씩 걸리는 것은 더 이상 상상할 수 없는 일이다. 실시간 스트리밍이 일반화된 시대에 사람들은 수많은 동영상 정보를 습득하기 위해 새로운 시청 형태를 보였다. 바로 빠르게 돌려보기다.

영상의 선형성을 극복해 이용자의 콘텐츠 통제권을 강화하다

이제 사람들은 유튜브 동영상을 재생되는 속도로 보면서 수동적으로 소비하지 않는다. 스마트폰으로 유튜브를 볼 때 화면 오른쪽을 두 번씩 톡톡 두드려가며 보는 경우가 많다. 오른쪽을 두 번씩 두드리는 건 유튜브의 10초 빨리 감기 기능을 이용하기 위해서다. 이 기능을 알고 있는가 모르고 있는가에 따라 세대 구별도 가능하다. 유튜브 영상 화면에는 빨리 감기나 뒤로 감기 아이콘이 따로 없기 때문이다.

젊은 층이 자주 애용하는 기능이기도 하다. 화면 오른쪽 왼쪽을 두 번씩 두드리며 10초 빨리 감기 혹은 뒤로 감기를 활용해 동영상을 컨트롤하며 시청한다. 유튜브에서 '두 번 탭하여 탐색'이라고 이름 붙인 이 기능은 설정 메뉴에서 5초부터 60초까지 다양하게 시간을 정할 수 있다.

또한 영상 재생 속도를 1.25배 혹은 1.5배로 선택해 재생하는 경우도 많다. 빠르게 보며 영상의 핵심 내용만 습득하기 위함이다. 마치 책을 읽을 때 정독이 아닌, 훑어 읽기 하는 식이다. 그간 영상의 단점은 재생 시간을 온전히 투자해야만 정보를 제대로 파악할 수 있다는 점이었다. 이를 사용자들은 빨리 감기, 재생 속도 빠르게 하기를 통해

▼ 유튜브에서는 재생 속도를 빠르게 설정할 수 있다. 영상을 10초 앞뒤로 돌리고 싶다면 오른쪽이나 왼쪽 화면을 연속으로 두 번 터치하면 된다.

극복한 것이다.

이처럼 사람들이 빠른 영상을 좋아하자 현재 유튜브 영상 중에는 편집 자체를 1.2배속으로 빠르게 하는 경우도 볼 수 있다. 왠지 말이 빠른 것 같은 영상을 살펴보면 편집 자체에서 속도를 높인 경우가 많다.

이렇게 유튜브에서 빨리 감기 기능이 인기를 끌자 넷플릭스도 2018년에 '두 번 탭하여 탐색' 기능을 도입했다. 아울러 1.25배속이나 1.5배속 등 재생 속도를 조절할 수 있는 기능도 순차적으로 적용했다. 넷플릭스 콘텐츠의 특징 중 하나가 몰아 보기(binge watching)다. TV와 달리 드라마나 예능의 경우 시즌 전체를 한꺼번에 올려 한 번에 몰아 볼 수 있다. 특히 넷플릭스 오리지널은 거의 대부분 시즌 전편을 올린다. 그만큼 파괴력도 크다. 〈오징어 게임〉이 넷플릭스에서 전편 공개되자 사람들은 관련 게임과 스토리에 열광했다. 완성된 드라마를 바로 볼 수 있기에 작품에 대한 이야기를 다양하게 전개할 수 있었다. 전 세계 주요 국가에서 1위를 차지한 〈오징어 게임〉은 강력한 신드롬을 일으키며 2,140만 달러(약 253억 원)의 투자로 약 9억 달러(1조 원) 이상의 수익을 얻을 것으로 회자됐다.

몰아 보기 할 때는 속도 조절 기능이 무척 유용하다. 어떤 이는 만든 이의 의도와 흐름을 따라가기 위해 정속으로 영상을 시청하지만, 많은 소비자가 재미없는 부분은 건너뛰며(skip) 본다. 사실 1시간짜리 영상이 적게는 수 편, 많게는 십수 편이 되는 시즌이나 시리즈를 정속으로 보는 건 쉬운 일이 아니다. 그래서 상당수 이용자는 몰아 보기를 할 때 1.25배속이나 1.5배속으로 보다가 중요한 장면은 일반(1X) 속도로 재생한다.

현재 유튜브는 0.25배속부터 2배속까지 8단계로 속도 조절이 가능하다. 넷플릭스는 0.5배속부터 1.5배속까지 4단계를 제공하고 있다.

빨리 감기 기능에 익숙해지면 일반 재생 속도만 제공하는 플랫폼이나 플레이어는 답답하게 느껴지게 마련이다. 앞으로 동영상 재생 서비스에서는 이러한 UI(User Interface)와 UX(User Experience)를 기본적으로 고려 및 적용할 것이다.

영상 시청에서 속도 조절 기능은 어떤 의미를 지닐까? 1차적으로는 영상의 선형적(linear) 특성 때문에 생기는 제약과 불편을 해소하는 효과가 있다. 예를 들어 글자와 이미지를 한 면에 배치한 신문이나 잡지를 볼 때, 독자는 자신이 원하는 대로 여기저기 건너뛸 수 있다. 그런데 동영상은 시작부터 끝날 때까지 연속적으로 재생되는 선형적 구조다. 시청자는 지루함을 느껴 플레이 버튼을 오른쪽으로 끌어당기고 싶지만 중요한 부분을 놓칠 수도 있다는 마음에 답답해하며 끝까지 보게 된다. 이를테면 〈오징어 게임〉 전편을 몰아 볼 때 어떤 장면에서는 내용 전개가 너무 뻔하게 예상돼 넘어가고 싶지만, 중요한 단서를 놓칠 수도 있어 그러지 못해 답답할 수 있다.

유튜브의 '두 번 탭하여 탐색' 기능과 재생 속도 조절 기능은 그런 불편을 해소하는 동영상 전문 플랫폼의 진화 모델이라 할 수 있다. 그 진화는 콘텐츠가 좀 더 쌍방향적이고 유연해지는 방향성과 함께 이용자들의 콘텐츠 통제권을 강화하는 의미가 있다.

시간과 공간의 압축으로 우리 삶을 가속하다

또 유튜브는 공간을 압축했다. 원거리를 실시간으로 연결해 공간상의 격차를 줄이는 것은 사실 대다수 디지털 플랫폼의 기본 특성이자 기술 진보의 결과다. 하지만 온라인상의 원격 연결은 아무래도 오프라인의 실시간 대면 접촉에 비해 선호도가 낮았다. 그런데 코로나19 팬데믹을 거치면서 '비대면 연결'의 수요가 폭증했고, 줌(Zoom) 같은 직접적 솔루션이 급성장했다. 물리적으로 함께할 수 없는 거리에서뿐만 아니라 일상의 연결도 디지털 온라인이 중심인 시대가 된 것이다.

하지만 일상적인 라이브 스트리밍은 줌 같은 기능적 솔루션보다 미디어 성격이 강한 스트리밍 플랫폼, 즉 유튜브에서 더 폭발했다. 아침에 일어나 주식 채널의 라이브 스트리밍을 들으며 출근하는 것이나 UN에서 연설과 공연을 펼친 BTS의 모습을 실시간으로 보는 것 등은 유튜브 덕분에 가능해진 현상이다.

결국 유튜브 덕분에 시간과 공간의 압축(time-space compression)이 가능해졌다. 그리고 이러한 압축은 삶의 가속화로 이어진다. 마치 근대화 시절, 대도시가 형성되면서 개인 간의 상호작용이 빈번하고 빨라지면서 이동도 활발해져 삶의 속도가 빨라진 것처럼(Simmel, 1995) 모바일 시대에는 유튜브 같은 거대 플랫폼이 대도시의 역할을 일부 건네받은 것이다.

유튜브를 통해 삶의 속도가 빨라지는 현상은 2022년에 더욱 본격적으로 진행될 것이다. 앱 분석업체 와이즈앱과 와이즈리테일의 조사에서 2021년 1월 기준 우리나라의 유튜브 앱 사용자는 총 4,041만 명으로 전체 스마트폰 사용자의 88%에 달했다. 특히 주 사용층인 50대와 40대의 경우 코로나19 팬데믹을 거치며 수동적인 수용자에서 벗어나 적극적으로 유튜브를 활용하고 있다. 2년이란 세월은 유튜브 환경을 익숙하게 받아들이기에 충분한 시간이기도 했고, 특히 사회에서 중심 역할을 하는 이들 세대는 코로나19라는 급격한 사회 변화에 적응하기 위해 적극적으로 유튜브를 활용해야 했기 때문이다. 이런 상황에서 2022년은 유튜브의 빨리 감기 기능을 일상화하며 자신의 삶을 빠르게 가속화하는 현상이 확산되는 해가 될 것으로 보인다.

'압축' 정보의 일상화로 사회적 탐색 비용이 절감된다

웹 기반 포털 검색 서비스가 사회적 탐색 비용을 상당 부분 감소시켰다는 것은 주지의 사실이다. 근대의 상징과도 같았던 백과사전은 세계의 지식을 총합한 지식의 보고였다. 사회의 성장과 발달에 따라 백과사전의 내용은 더욱 풍부해져갔다. 그리고 이 백과사전을 집에 들여놓는 것이 지식인의 상징처럼 여기던 때가 있었다.

하지만 불과 30여 년 전 본격적으로 포털 사이트가 등장하고 검색 서비스를 제공하면서 백과사전은 점차 사라져갔다. 이제 굳이 돈 주고 백과사전을 사는 사람은 없다. 궁금한 정보는 포털 사이트의 검색창을 열어 검색한다. 그리고 오히려 박제된 정보인 백과사전보다 더 풍부한 정보를 습득할 수 있다. 검색 서비스를 통한 정보 습득에 무리가 없어졌고 훨씬 더 편리해졌다. 이제 사전이 없어도 숙제를 하는 데 어려움이 없다. 이런 과정을 통해 사회적 탐색 비용이 감소했다.

새로운 정보를 제공하기 위해 백과사전을 개정하는 작업은 보통 몇 년이 걸리곤 했다. 반면 포털 이후 시대의 정보는 굳이 개정을 하지 않아도 자연스럽게 정보가 업데이트된다. 검색을 통한 빠른 정보 습

▼ 대표적 숏폼 플랫폼인 틱톡.

득이 상당한 사회적 가치를 창출하면서 이를 제공하는 포털 서비스는 웹에서 이용자 기반을 공고하게 넓힐 수 있었고, 사업적으로도 큰 성장을 일궈왔다.

모바일 시대에 접어들면서 새로운 포털이 떠올랐다. 바로 유튜브다. 유튜브는 사람들에게 다양한 정보와 오락적 콘텐츠를 상당히 빠르게 연결해주었다. 이를통해 포털의 입지를 구축하며 눈부시게 약진하고 있다. 특히 정보의 경우 영상을 통해 더 입체적으로 이해하도록 도와준다는 장점도 있다. 유튜브가 없었다면 더 치렀어야 할 탐색 비용을 줄여준 것이다.

이렇게 사회적 탐색 비용이 줄어들면서 커뮤니케이션이나 콘텐츠 소비 유통 측면에서 효율성과 가속화도 이루어지는 중이다.

단적인 예로 유튜브 영화 채널의 리뷰 영상을 살펴보자. 유튜브에서는 100분이 넘는 영화 한 편을 10~20분으로 요점만 압축해서 설명해주는 리뷰 영상이 많고 인기가 높다. 이용자들은 유튜브 리뷰를 보고 직접 전편을 감상하기도 하지만, 영상에 달린 댓글에서 볼 수 있듯 대부분 스포일러도 신경 쓰지 않고(스포일러를 무서워한다는 건 그 영화 전체를 시청할 것이란 전제가 있을 때 작동하는 논리다) 전체 흐름과 함께 핵심 내용을 이해하는 것으로 해당 영화를 충분히 즐겼다고 여기는 경향이 있다. 이용자들은 '압축'된 콘텐츠를 선호하며 정보 가속화에 적응하고 효율성을 찾은 셈이다.

문화적 측면에서 가속화된 영상을 선호하는 현상은 숏폼 동영상 열풍으로 확인할 수 있다. 더욱 짧은 시간에 정말 필요한 핵심 정보만 빠르게 소비하고 싶다는 사용자의 바람이 극대화된 플랫폼이 숏폼 영상 플랫폼이다. 틱톡이 세계적으로 선도해나가는 중이지만 유튜브도 '쇼츠(Shorts)'를 내놓으며 약진 중이다. 이 외에도 페이스북 또한 인스타그램의 '릴스(Reels)'를 페이스북에도 도입하는 등 숏폼 동영상 시장에 안착하기 위해 안간힘을 쓰고 있다.

팬데믹과 함께 가속화 현상은 더욱 극적으로 나타나는 중이다.

2022년 위드 코로나로 전환되며 사회의 여러 기능과 역할이 재시동 되고 회복되기 시작했다. 이 국면에서 삶의 가속화 경향은 한층 진전되고, 우리 생활 속에 깊이 스며들 것으로 보인다.

이제 우리는 유튜브를 본방 사수한다!

: Broadcasting All 모두의 방송국

요즘 카운트다운 화면을 자주 보시는지?

이 말이 뜬금없지 않다면 당신은 지금 유튜브에서 본방 사수 중일 것이다. 유튜브는 라이브나 본방 이전에 방송 시간을 카운트다운으로 보여준다. 그 앞에서 화면을 보며 방송을 기다리는 사람이 늘고 있다. 마치 영화가 시작되기 전 초시계가 카운트다운되는 것처럼 사람들은 기대감에 설레며 유튜브 크리에이터의 방송을 기다린다.

브로드캐스트 플랫폼으로 진화한 유튜브

방송에서 내로캐스트(narrowcast)는 지역적, 계층적으로 한정된 대중을 대상으로 정보를 전달하는 것을 말한다. 주로 광고나 마케팅에서 많이 활용한다. 내로캐스트는 대중에게 정보를 전달한다는 의미의 브로드캐스트(broadcast)에 대칭되는 개념이다. 지금까지 유튜브 영상은 내로캐스트를 지향했다. 특정한 타깃에 맞춰 콘텐츠를 만들고 이를 통해 충성 구독자를 모았다. 다양한 분야의 취미와 관심사에 특화된 채널은 자신만의 구독자들과 소통하며 성장했다. 이렇게 유튜브를 통해 급성장한 크리에이터들은 대안 미디어로 자리 잡았고, 유튜브 또한 이런 대안 미디어를 떠받치는 플랫폼으로 자리 잡았다.

그런데 유튜브가 성장하며 이런 모습은 변화하기 시작했다. 유튜브의 영향력은 좀 더 직접적이고 강력해졌다. 크리에이터들은 더 이상 내로캐스트로만 자신의 콘텐츠를 한정 지을 필요가 없었다. 유튜브는 이제 좀 더 손쉽게 브로드캐스팅을 할 수 있는 플랫폼으로 외연을 넓히며 진화하고 있다.

이용자 접점을 이곳에서! 유튜브에 진출한 방송국

이러한 현상을 이끈 1차 주역은 전통적인 방송(broadcasting) 사업자들이다. 유튜브 초기, 방송 사업자들은 유튜브에 영상 올리는 것을 오리지널 콘텐츠 저작권을 침해받는 것으로 이해했다. 기억할지 모르겠지만, 방송국에서는 철저하게 유튜브 영상 업로드를 외면했다. 그 시절 방송 콘텐츠는 콘텐츠 비용을 지불하는 네이버 등 국내 포털에서만 볼 수 있었다. 유튜브의 플랫폼 파워와 수익성을 방송사가 깨닫기 이

전이었다.

유튜브 플랫폼이 거대화되며 국내외에서 수십억 원, 수백만 달러를 벌어들이는 채널이 생기자 방송사들도 이용자 접점 확대와 동시에 새로운 수익원에 눈을 돌리기 시작했다. 그리고 어느새 유튜브에서 콘텐츠 실험을 시작하더니 이제는 완벽하게 적응하고 강력한 참여자가 되었다.

주요 방송사의 뉴스 채널을 필두로 예능은 물론, 교양 채널까지 속속 유튜브에 입성해 자리를 잡아가고 있다. 방송국 각 부서에서 유튜브 채널을 따로 개설하고, 예능의 경우에도 프로그램별·코너별·장면별·등장인물별·밈별 등 다양한 채널을 개설해 콘텐츠를 제공 중이다. 또 본방송의 클립뿐만 아니라 과거 콘텐츠, 나아가 유튜브 오리지널 콘텐츠 제공까지 방송 제작과 유튜브 제작을 혼합하는 현상이 생겨났다. 수십 년간 쌓여온 콘텐츠는 자칫 방송국 자료실에 먼지만 켜켜이 쌓여 있을 운명이었다. 하지만 현재는 과거에 대한 추억, 새로운 유행을 불러일으키며 유튜브 콘텐츠로 활발히 소비되고 있다.

이는 뉴트로(new-tro, 신복고) 열풍을 지속시키는 이유도 되었다. 이미 그 콘텐츠를 경험한 사람들에게는 추억을, 유튜브에서 새롭게 콘텐츠를 접한 사람들에게는 새로운 관심을 불러일으켰기 때문이다. 〈전원일기〉가 유튜브에서 실시간 라이브로 스트리밍 서비스되고, '이산가족찾기' 방송이 지금 와서 다시 심금을 울리는 이유는 유튜브가 우리 사회 전 연령의 관심사와 생활 모습을 담고 있기에 가능한 일이다.

방송 사업자들은 이를 포착해 다양한 채널을 개설했다. 우리나라 대표 방송사인 KBS의 경우 현재 유튜브에서 130개가 넘는 채널을 운영하고 있다. 다른 공중파 방송사도 수십 개의 채널을 운영 중이다.

TV 중심의 미디어 환경에서 편성 권력을 누리던 방송 사업자들은 디지털 환경으로 변화하자 이용자 접점이 약화되었다. 새로운 이용자 기반을 찾아야 했던 방송 사업자들이 유튜브 같은 강력한 이용자 기반 플랫폼을 외면하기는 힘들었을 것이다.

이와 관련해 상징적인 사례가 있다. 바로 2007년 영국 BBC 방송국이 유튜브 채널을 개설한 것이다. 영국에서 유튜브가 인기를 끌자 당시 구글에서는 BBC 방송국에 채널을 열자고 제안했다. 하지만 BBC 내부에선 반대 목소리가 터져 나왔다.

"우리가 때론 목숨까지 잃어가며 힘들게 제작한 다큐멘터리 등 좋은 작품을 왜 구글(유튜브)의 장사를 위해 갖다 바쳐야 하느냐" 같은 주장이었다. 하지만 결국 BBC는 유튜브 채널을 개설했다. 당시 의사 결정자의 결론은 간명했다.

"Distribute or die(우리 콘텐츠가 이용자를 만나지 못하면 죽은 것이나 다름없다)."

이미 미국에서는 2006년에 레거시 미디어와 유튜브의 갈등이 한바탕 벌어지고 있었다. 구글에 인수된 유튜브는 급격한 성장세를 이어갔고, 레거시 미디어는 자신의 콘텐츠를 바탕으로 유튜브가 성장했다면서 소송전도 불사하며 유튜브와 대치했다. 동시에 전통 방송 사업자들은 연합해 훌루(Hulu)를 설립하기도 했다. 하지만 결과적으로 유튜브의 압도적 기세를 꺾는 데 실패했다. 훌루는 유튜브와는 다른 길을 갔다. 현재 디즈니 계열사가 되어 OTT 시장에서 자신의 몫을 하는 중이다.

이렇게 영국 BBC와 미국 사례처럼 각국의 전통 매체들은 유튜브의 이용자 기반을 무시할 수 없었고, 결국 하나둘 채널을 개설했다.

이제 방송사들은 TV를 통한 연결 외에 유튜브를 통한 시청자 연결을 당연하게 인식하고 있다. 오히려 방송편성 시간이 정해진 TV보다 유튜브에 영상을 올려 수백만 조회수를 얻곤 한다. 그러다 보니 콘텐츠 역전 현상도 나타났다. 나영석 PD가 개설한 〈채널 십오야〉에서는 본 프로그램 뒤에 5분 남짓한 서브 프로그램을 편성한 후, 그 프로그램이 끝나면 유튜브에서 20분 남짓하게 해당 에피소드의 전편을 보여주고 있다.

시청자들은 5분간의 방송을 보기 위해 TV에서 방송 시간보다 더 긴 광고를 시청하며 기다리고, 방송이 끝나면 다시 유튜브에서 본편 에피소드를 보기 위해 스트리밍 시간을 기다린다.

이런 모습을 보면 어느새 방송국도 효과적인 유튜브 이용 방법을 익힌 것 같다. 그리고 늘 강조하지만 미디어에 이용자 접점(touchpoint)은 숙제이자 존재 이유다.

유튜브 전용 대형 기획 프로그램 제작 물결

유튜브가 브로드캐스트화되었다는 증거는 프로그램의 제작 규모에서도 찾을 수 있다. 유튜브 채널 기반으로 지상파 방송 못지않은 대형 기획물이 봇물처럼 쏟아지기 시작했다. 〈가짜사나이〉와 〈머니게임〉, 〈공범〉 등 유튜버가 직접 기획하고 제작하는 규모가 큰 프로젝트가 연이어 나오고 있다. 물론 다소 선정적이고 자극적인 어그로(aggravation)성 기획물이라는 비판과 제작 과정에서 일어난 잡음 등으로 사회적 논란을 빚기도 했지만, 그만큼 유튜브 채널 프로그램도 사회적으로 넓은 관심사가 되었다는 것을 알려주는 사례다.

해외 사례는 규모가 더욱 방대하다. 구독자 7,000만 명이 넘는 대형 유튜버 '미스터비스트(MrBeast)'의 경우 나무 2,000만 그루를 심는 캠페인을 위해 2,000만 달러(약 220억 원)를 모금하는 프로젝트를 유튜브로 진행했다. 2019년 10월 26일에 'Team Trees'라는 프로젝트를 개설해 묘목당 1달러를 기부하는 프로젝트에는 일론 머스크나 유튜버 퓨디파이 등 유명인도 참여했으며, 자신도 20만 달러 이상을 기부했다. 원래 목표는 2020년 1월 1일에 다 심을 예정이었는데, 폭발적인 호응으로 당초 계획보다 10일 앞선 12월 20일에 목표 금액을 달성했다.

▼ 미국의 대형 유튜버 미스터비스트는 나무 2,000만 그루를 심기 위한 프로젝트를 영상으로 진행했다.

〈MrBeast〉 채널을 운영하는 미국의 지미 도널드슨은 2012년 초반에 유튜브를 시작했다. 초기엔 게임 리뷰를 하다가 2015년부터 여러 기발한 콘텐츠를 올렸다. 2016년 후반에는 전자레인지 안에 전자레인지 돌리기, 0부터 10만까지 세기 등 기발한 콘텐츠를 통해 구독자 10만 명을 모았다. 이후 2017년부터는 새로운 콘텐츠를 만들었는데, 규모가 남달라 엄청난 주목을 받았다. 예를 들어 닌자방송에 들어가 1만 달러를 기부하거나, 무작위로 스트리머에게 들어가 1만 달러 기부하기, 노숙자에게 1만 달러 기부하기, 마트에 있는 모든 제품 사기 등 규모가 다른 콘텐츠로 인기를 끌었다. 얼마 전에는 현실판 오징어 게임을 열 계획이라 밝히며 세트장 만드는 사진을 공개하기도 했다.

그는 기부와 자선 활동을 많이 하는데, 영상 하나를 촬영하면서 10억 원을 내건 적도 있고, 페라리 자동차를 선물로 걸어 화제가 되기도 했다. 2019년 한 해 동안 구독자 1,500만 명을 모은 과정을 영상으로 제작하기도 했다. 그의 채널에 올라온 영상은 60개 안팎으로, 총조회수는 127억 회를 넘는다. 전 세계적으로 10위권에 드는 대형 채널이니 제작 규모도 남다른 것으로 보인다.

텔레비전의 역할 변화, 유튜브 미디어를 비추다

통신과 기술의 발달로 고품질 콘텐츠 서비스는 미디어의 기본이 되었다. OTT 전쟁으로 불리듯 유튜브 또한 스트리밍 시대의 영상 플랫폼으로 강력하게 부상 중이다. 이제 유튜브는 브로드캐스팅까지 아우르는 멀티캐스팅 플랫폼으로 확장되고 있다.

10여 년 전 넷스케이프 공동 창업자이자 페이스북, 트위터 등에 투자한 성공한 VC이며 존경받는 구루(guru)로 불리는 마크 앤드리슨은 〈월스트리트저널(WSJ)〉 기고문에서 "소프트웨어가 세상을 먹어치우고있다(Software is eating the world)"는 표현을 썼다. 전통 기업에 맞선 소프트웨어 기업이 세상을 지배할 것이라는 통찰이 담긴 문장이었다. 이는 당시 온라인에서 상당히 회자되었다.

우리는 소프트웨어 기업이 전통적 기업의 규모와 수익을 앞지르는 10년을 함께 보아왔다. FAANG(Facebook, Amazon, Apple, Neflix,

Google)으로 불리는 소프트웨어 기업은 현재 정보 기술 산업에서 가장 크고 지배적인 위치를 차지하고 있다.

그런데 이제 이 명제는 '유튜브가 미디어 세상을 모두 먹어치우고 있다'라고 바꾸어야 할 듯하다. 유튜브는 이제 우리 생활 속에 완전히 스며들어 삶을 변화시키는 중이다.

구체적인 장면을 살펴보자. 1인 가구를 중심으로 TV를 유튜브 디스플레이로 쓰는 경우가 늘고 있다. 스마트 TV로 인터넷을 편리하게 연결할 수 있다 보니 유튜브 영상을 틀어놓고 지내는 사람이 제법 많다. 서울에 거주하는 30대 초반 직장인의 이야기를 들어보자.

"제가 원룸에 사는데 아침이나 밤에 TV를 켜면 기본적으로 유튜브가 나옵니다. 주식 채널과 운동 채널 등 즐겨 보는 채널을 모아뒀거든요. 공중파나 케이블 방송을 아예 안 봐도 전혀 불편하지 않아요. 유튜브에 클립들이 다 올라오기 때문이죠. 이 외에는 가끔 주말에 넷플릭스로 몰아 보기를 합니다."

브로드캐스팅의 도구로만 인식하던 텔레비전, 즉 방송을 수신하는 도구이던 TV는 이제 유튜브를 재생하는 도구가 되었다. 이제는 "유튜브가 방송(放送)이다"라고도 할 수 있다.

좀 더 엄밀히 살펴보자면 이는 방송(broadcast)과 협송(narrowcast)의 구분이 사라지는 변화의 흐름으로 이해하는 게 더 적절할 것이다. 참고로 예전에 케이블 TV(CA TV)가 뉴미디어의 총아로 이야기되며 도

입되었을 때, 전문가들은 케이블 TV의 가장 큰 강점으로 "다채널을 통해 전문성과 다양성을 높일 수 있다"는 것을 꼽았다. 그런 관점에서 유튜브를 한번 살펴보자. 전문성과 다양성 차원에서 케이블 TV가 호수라면 유튜브는 바다가 아닐까.

TV를 둘러싼 일상의 풍경이 바뀌는 것은 대단히 의미 있는 변화다. 라디오 세대, 텔레비전 세대를 지나 이제 유튜브 세대(YouTube Generation)가 부상했고, 유튜브가 하나의 문화 상징이 된 것이다.

유튜브 본방 사수, 방송편성 권력의 해체

이제 사람들은 좋아하는 유튜브 채널을 골라 본방 사수를 한다. 눈여겨보는 유튜브 채널이 일정한 시간에 라이브 스트리밍을 하거나 VOD 클립을 게시하는 걸 기억하고 실시간 접속해 참여하거나 시청하는 것이다.

아주 재미있거나 인기 많은 텔레비전 프로그램을 볼 때 편성 시간을 기억해 시청하는 형태를 본방 사수라고 말한다. 본방 사수를 하는 시청자는 그만큼 충성도가 높다는 뜻이다. 유튜브 채널을 본방 사수하는 사람이 많다는 것은 그만큼 충성 구독자가 많다는 뜻이기도 하다. 더 나아가 유튜브 플랫폼 자체에 이런 충성도를 보이는 사람이 늘었다는 것도 의미한다.

현재 다양한 콘텐츠 영역에서 본방 사수 시도가 늘고 있다. 특히 쇼

▼ 유튜브 채널 중에는 〈문명특급〉처럼 방송 시간을 공지하는 채널이 많다. 이는 구독자를 위한 배려이기도 하고, 구독자의 충성도를 높이기 위한 방법이기도 하다.

핑 쪽이 발 빠르다. 충성도 높은 구독자가 몰려 동시 접속자수가 늘 많은 라방(라이브 방송) 유튜브 채널은 커머스 수익 모델도 작동이 잘 돼 각광받는다. 패션·뷰티 채널이나 먹방 채널이 브랜드 협업 방식으로 라이브 방송을 하면서 콘텐츠 구성에 할인 혜택을 더하는 사례가 빈번하다. 백화점이 봄가을 정기 세일 때 유명 인플루언서의 유튜브 채널과 제휴해 퀴즈 이벤트를 하며 주목을 끌고, 할인 쿠폰을 제공하는 방식도 보편화되고 있다.

굳이 상업적 목적이 아니어도 유튜브 본방 사수의 흐름은 꾸준히 이어져왔다. 이제 셀럽이 된 '도티'의 유명세는 오랜 시간 실시간 스트리밍으로 마인크래프트 게임을 방송해오고, 초등학생 중심으로 구독자의 실시간 시청이 늘어나면서 시작되었다.

스브스 뉴스에서 분화된 〈문명특급〉은 국내 대표 유튜브 예능 채널이다. 이 채널의 진행자 '재재'는 유튜브를 넘어 방송 출연이 잦아질 정도로 유명 셀럽이 되었고, 현재 구독자가 150만 명을 훌쩍 넘어섰다. 〈문명특급〉의 유튜브 채널 아트에는 '매주 목요일 5시'라는 문구가 적혀 있다. 방송으로 치자면 본방 시간이자 편성 시간이다.

본방 사수가 자연스럽게 이어지는 채널도 많다. 〈삼프로TV〉 채널 또한 메인 클립아트와 정보 섹션에 그날그날 방송 일정을 공지한다. 구독자들은 아침의 '출근길 라이브'부터 밤에 하는 '글로벌 라이브'까지 4개의 라이브 방송 시간에 맞춰 정보를 얻을 수 있다.

〈삼프로TV〉와 함께 법인을 만든 슈카의 경우에도 매주 일요일 저녁 8시에 라이브를 하는데, 그의 채널 구독자들은 자연스럽게 그 시간이 되면 라이브를 틀어 함께 댓글로 소통한다. 슈카의 라이브는 따로 채널에 올리지는 않고, 이후 평일에는 그의 이야기를 잘라 클립 형태의 영상을 올린다. 물론 클립으로도 재미있지만, 현장에서 바로 반응하고 소통하는 즐거움에 비할 바는 못된다. 구독자들이 그의 라이브를 꼭 찾아보는 이유다.

〈문명특급〉이나 〈삼프로TV〉의 사례를 보면 기존에 방송 사업자들이갖고 있던 편성 권력이 유튜브로 이전되는 현상을 목격할 수 있다. 젊은 층뿐만 아니라 4050 세대도 이제는 자연스럽게 유튜브 본방 사수를 하고 있다.

오랜 기간 국민의 생활시간대를 좌우하던 방송의 편성 권력이 디지털 시대를 맞아 해체되고 있는 건 주지의 사실이다. 그런데 유튜브에서 구축되는 편성 권력은 방송 미디어의 편성 권력과는 결이 다르

▼ 〈삼프로TV〉 클립아트와 정보에는 매일 방송 시간이 정리되어 있다. 유튜브 채널이 경제 방송처럼 운영되는 것을 볼 수 있다.

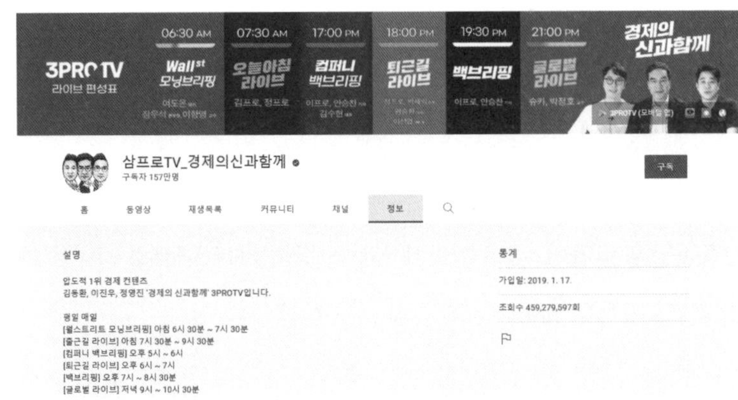

다. 이전에는 일방적으로 송신되는 형태였다면, 유튜브에서 편성은 커뮤니티를 기반으로 서로 일정한 콘텐츠 소비 양식을 약속하는 새로운 습관이라고 할 수 있다. 즉 쌍방향성이 변화의 핵심이다.

유튜브 채널에서 늘 "구독과 알림설정 해주세요"라고 외치는 것이 바로 이러한 시청 습관을 만들고, 이용자 접점을 공고하게 구축하고 싶다는 의미다. 이게 왜 중요할까? 이는 결국 해당 채널의 미디어 파워를 높이고 지속성을 확보하느냐의 여부, 즉 생존과 성장을 좌우하기 때문이다.

데이터 기반 브로드캐스팅, 유튜브

유튜브의 브로드캐스팅이 기존 방송과 다른 특성 중 대표적인 것은

'데이터 기반'이라는 점에서 찾을 수 있다.

'넓게-뿌린다(broad-casting)'라는 말 자체에서 알 수 있듯이 기존 방송은 정확한 타깃 없이 광범하게 다수에게 도달되도록 뿌리는 걸 중점으로 한다. 그렇기 때문에 더욱 시청 시간이 중요했다. 사람들이 많이 보는 시간대의 광고비는 천문학적이지만, 효과가 어느 정도인지는 확실하게 측정하기 힘들었다.

그런데 유튜브 같은 디지털 플랫폼은 당연하게도 데이터를 활용하고 측정할 수 있다는 강점이 있다. 유튜브에서는 '넓게 뿌리되, 대상에 대해 어느 정도 알고 실행할 수 있다'는 것이다. 도달하고 싶은 타깃 오디언스(target audience, 목표 대중)가 있다면 훨씬 더 쉽게 캐스팅할 수 있다.

이를테면 연예 기획사가 아이돌 그룹의 새로운 뮤직비디오를 유튜브를 통해 글로벌 공개한 뒤 어느 지역에서 반응이 높은지 보고, 해당 지역에서 콘서트를 기획해 성공 확률을 높이는 식이다. 또한 재테크 등 금융 상품을 알리고 싶은 사업자가 금융 카테고리의 다양한 유튜브 채널과 협업해 메시징을 할 때 '광고를 정보처럼' 소비할 주요 타깃과 쉽게 만날 수 있다. 유튜브의 데이터는 보다 정확한 타깃과 효과를 측정해 가장 좋은 광고 플랫폼으로 확장 중이다.

유튜브 브랜드 시대가 펼쳐지다!

: Commerce Blooming 꽃피는 커머스

취향이 다양한 사람들은 이제 더 이상 명품만 찾지 않는다. 그리고 내가 즐겨 보는 채널에 나온 음식이나 물건을 공유하고 싶어 한다. 내가 좋아하고 믿는 크리에이터가 자신의 이름을 걸고 만든 제품을 함께 구입해 공유하며 동료애를 쌓는다.

유튜브 채널, 유튜버 캐릭터가 브랜드가 되는 시대

'할머니 손맛' 하면 떠오르는 스타가 몇몇 있다. 김혜자 씨는 오랫동안 한 식품 회사의 메인 모델을 하며 엄마 손맛이라는 이미지를 만들었다. 김수미 씨는 자신의 손맛으로 오랫동안 음식 관련 예능 프로그램을 했으며, 자신의 이름을 내건 브랜드와 홈쇼핑 식품을 판매했다.

그런데 요즘은 손맛의 이미지가 바뀌었다. K-할머니의 대표 주자를 유튜버 박막례 할머니로 알고 있는 사람도 많아졌다. 특히 식당을 오래 경영했던 그녀는 유튜브를 통해 자신의 레시피로 간단하고 맛있게 만드는 다양한 음식 조리 영상을 소개했는데, 이 음식들이 박막례 브랜드를 달고 밀키트로 나왔다.

간편식업체 프레시지가 출시한 묵은지 비빔국수, 간장 비빔국수 밀키트 2종 세트는 출시 기념 온라인 라이브 방송에서 1분 만에 완판 기록을 세웠다. 이 밀키트를 출시한 것은 박막례 할머니가 채널에 올린 음식 조리 영상의 인기 덕분이었다. 2018년 공개한 '막 대충 만드는 묵은지 비빔국수 레시피'가 1,000만 회에 가까운 누적 조회수를 기록했고, 2019년 올린 간장 비빔국수 레시피 영상은 500만 회가 넘는 조회수를 올렸다.

이 외에도 유튜버 흔한남매는 휠라 키즈와 협업해 파자마 세트, 야외 활동복을 론칭하기도 했다.

이렇듯 연예인을 앞세운 스타 마케팅 대신 유튜버와 협업하는 브랜드가 늘고 있다. 기업의 고객군과 중첩되는 구독자를 확보한 유튜버와 협업하면 그들 사이의 친밀감과 충성도를 브랜드와 제품 쪽으로 쉽게 이전할 수 있기 때문이다.

이러한 미디어커머스(media commerce) 현상은 계속 강력해지고 있다. 미디어커머스는 미디어(media)와 상업을 뜻하는 커머스(commerce)

▼ 휠라 키즈는 유튜버 흔한남매와 협업해 제작한 제품을 선보였다.

의 합성어다. 유튜브·인스타그램·페이스북 등 SNS 채널을 활용해 제품을 홍보·판매하는 방식의 전자 상거래를 의미한다. 통계청과 시장조사업체 이마케터에 따르면 국내 미디어커머스 시장 규모는 2021년 약 106조 원으로 예상된다. 특히 끝나지 않은 코로나19 팬데믹은 사람들의 외부 활동을 줄이며 미디어커머스 시장을 폭발적으로 키웠다. 이제 사람들은 명품도 온라인에서 산다.

이런 상황에서 유튜브의 변화가 눈에 띈다. 지금까지 유튜브는 상업성에 대한 우려로 다른 소셜 미디어 플랫폼에 비해 커머스 기능 도입을 자제했다. 하지만 이제 유튜브도 능동적으로 커머스 기능을 업데이트하기 시작했다.

▼ 2018년 소개한 박막례 할머니의 묵은지 비빔국수 레시피 영상.

우선 콘텐츠 하단에 제품 판매가 가능한 쇼핑몰을 연계할 수 있는 지원 서비스를 시작했다. 이런 지원 기능을 활용해 스튜디오 룰루랄라의 〈시즌비시즌〉에서는 우산 제품을 선보였고, 〈과나〉 채널에선 소리나는 두부 인형을 판매하고 있다.

유튜브 채널이나 유튜버 이름을 딴 굿즈와 제품은 유튜브 공식 파트너 숍과 연결해 구입 링크를 전달한다. 실제 유튜버나 크리에이터, 인플루언서의 제품을 판매하는 전문 몰도 많이 생겼다.

앞으로는 더 많은 유튜브 채널이나 크리에이터가 수익을 올리기 위해 자체 브랜드를 만들어낼 것으로 예상한다. 다품종 소량 생산이 유튜브에서 이루어지고 있는 것이다. 이를 통해 오프라인 리테일 시장

▼ 박막례 할머니 유튜브에 올라온 밀키트 출시 영상.

의 대격변이 일어날 것으로 보인다. 한 건물 건너 하나씩 임대 공고가 뜬 명동의 시장과 온갖 제품이 활발하게 판매되는 온라인 플랫폼 시장을 대조해보면 그 변화를 더욱 확실하게 인지할 수 있을 것이다.

마케팅은 사라지고 커머스만 남았다

요즘 유튜브를 포함해 다수의 디지털 미디어에서 공통적으로 나타나는 현상은 '미디어 기획의 시작과 끝에 커머스가 포함된 경우가 많다'는 점이다. 예전에는 미디어에서 콘텐츠를 기획할 때 유익함과 재미를 우선시했다. 하지만 이제는 "콘텐츠를 통한 수익성은 어떻게?"라는 질문도 아주 중요하게 대두되고 있다.

▼ 영상 하단의 설명란을 보면 자체 제품과 가격을 소개하는 내용을 확인할 수 있다.

그간 콘텐츠는 PPL 같은 광고 연계나 브랜드에서 의뢰받은 브랜디드 콘텐츠를 통해 수익을 올릴 수 있었다. 하지만 이젠 직접적인 판매 모델, 즉 커머스와 연동을 검토하는 게 필수 절차처럼 포함되고 있다. 그러다 보니 최근 광고 마케팅업계에서는 "마케팅은 사라지고 커머스만 남았다"는 자조적인 표현도 나오고 있다.

미디어의 입지가 공고하던 시절, 커머스 기업은 미디어에 기생할 수밖에 없었다. 콘텐츠 사이 자투리 시간에 광고를 하거나, 콘텐츠 제작에 비용을 대며 자사 제품이나 브랜드를 노출하거나, 홈쇼핑 채널에 돈을 내고 판매 시간을 얻었듯 말이다. 그런데 이제는 반대 기류가 더 강해지고 있다. 아마존이 아마존프라임을 주요 서브 서비스로 하고, 쿠팡이 쿠팡플레이를 만든 것처럼 커머스 기업이 영향력과 충성도를 강화하는 방안으로 미디어를 활용하고 있다. 앞으로 이런 현상은 더욱 뚜렷해질 것으로 보인다.

유튜브의 플랫폼 파워가 커지면서 유튜브에서 커머스 연계 비중도 점차 높아지고 있다. 기업 입장에서 보면, 브랜드와 제품의 정보가 유튜브에서 발견되거나 검색되어 존재하지 않으면 곤란한 시대가 된 것이다.

e커머스 확산과 광고 인벤토리 부족 현상 심화

그렇다면 유튜브 커머스를 포함한 미디어커머스가 확산되는 현상은 왜 이렇게 거세게 일어나는 것일까?

결론부터 말하자면, e커머스는 세계적으로 계속 비중이 커지고 있는데, 광고 인벤토리(inventory)는 부족하다 보니 유튜브 등의 인플루언서가 광고 인벤토리를 확장해줄 대안으로 주목받기 때문이다.

우선 e커머스의 비중이 얼마나 커졌는지 살펴보자. 코로나19 팬데믹을 거치며 국내 리테일 매출에서 e커머스가 차지하는 비율은 점점 증가하고 있다. 한국 통계청 집계 발표에 따르면 2021년 2분기 한국 소매 판매는 약 129.1조 원으로 전년 대비 8.4% 성장했다. 이 중 온라인 쇼핑 시장 규모는 46.9조 원을 차지해 전체 소매 판매 대비 약 36% 비율을 차지했다. 특히 온라인 쇼핑 시장은 전년 대비 25.2% 성장했는데, 이는 2019년 1분기 이후 가장 높은 성장률이다.

한국뿐 아니라 전 세계적으로 e커머스의 성장세가 두드러졌다. 2020년 4분기 기준 영국은 31.9%를 차지했으며, 중국은 31.6%, 미국은 14%의 비중을 차지했다. 영국의 경우 2019년 4분기 20.8%에서 11.1%가 더 성장했는데, 이는 당시 영국이 코로나19 팬데믹의 영향을 가장 크게 받으며 셧다운 상태로 e커머스가 그만큼 급격히 성장한 것으로 보인다. 전체 리테일 시장 대비 8.5%에 불과하던 이탈리아도 코로나19 팬데믹을 겪으면서 25.9%의 성장세를 보이며 전체 유통 시장에서 온라인 채널이 차지하는 비율 또한 크게 증가했다.

이렇게 e커머스가 증가하면서 크게 부각한 문제 중 하나는 '광고 인벤토리가 제한되어 있다'는 점이다. e커머스의 핵심은 디지털 환경에서의 소비자 연결이다. 이를 위해 '광고를 할 수 있는 공간(인벤토리)' 확보는 필수적이다. 그래서 많은 e커머스 기업이 구글 검색 광고는 물론, 페이스북과 인스타그램 등 주요 소셜 미디어의 광고 상품을 통해 열심히 고객과의 접점을 넓히려 한다.

그런데 폭발적으로 증가하는 e커머스업체 대비 광고 인벤토리의 증가가 이를 받쳐주지 못하고 있다. 광고를 하고 싶어 하는 사람은 많은

데, 지면이 한정되어 있으니 당연히 광고비가 급상승할 수밖에 없다. 같은 노출수를 보장받기 위해서는 더 많은 광고비를 집행해야 한다. 코로나19 팬데믹과 더불어 이러한 광고 인벤토리의 부족으로 인한 광고비 급상승은 유튜브, 페이스북, 인스타그램, 트위터뿐 아니라 아마존에서도 광고 매출을 크게 증가시켰다.

이 과정에서 주목하게 된 것이 유튜브 인플루언서다. 기업은 최근 몇 년간 인플루언서와 협업해 PPL이나 브랜디드 콘텐츠를 제작하는 등 인플루언서 마케팅 비율을 높여왔다. 인플루언서의 채널 자체가 광고 인벤토리로 작용하며, 특히 기업의 고객과 같은 타깃의 구독자는 보다 강력한 광고 효과를 보장하기 때문이다.

인플루언서 마케팅의 특징은 인벤토리를 유튜브도 갖고 있지만, 채널 운영자인 해당 크리에이터도 갖고 있다는 점이다. 브랜드 협업 시 크리에이터는 유튜브뿐만 아니라 자신이 운영하는 다른 채널을 통해서도 홍보를 확장한다. 예를 들어 유튜브에 영상을 올리고, 인스타그램 스토리나 인스타그램 비디오(IGTV)를 활용해 확산하는 식이다. 기업이나 브랜드에서는 인플루언서와 협업해 자연스럽게 여러 소셜 미디어 채널에서의 광고를 커버하는 효과도 얻을 수 있다. 그러다 보니 앞으로는 인플루언서 자체가 광고 인벤토리로서 경쟁력이 더욱 강화될 것으로 보인다.

MCN 모델도 커머스를 접목하며 진화 중

지금까지 MCN(Multi-Channel Network) 모델은 매니지먼트적 성격이 강했다. 혼자 활동하는 크리에이터는 구독자와 인기를 얻으며 점차 자신을 관리해줄 회사가 필요했다. 작게는 영상 편집과 기획, 더 나아가 방송 출연이나 광고까지 전체적인 매니지먼트에 대한 요구가 커졌다. MCN의 등장은 이런 필요를 해소하기 위한 것이었다.

그런데 이제 e커머스의 확장으로 크리에이터 스스로 브랜드가 되어 직접 자신의 물건을 만들고 팔아 매출을 올리는 커머스 활동을 시도하는 경우가 늘고 있다. 이런 크리에이터의 요구에 맞춰 MCN 회사 또한 커머스를 접목해 진화 중이다. 자신의 제품을 만들고 싶어 하는 크리에이터를 위한 커머스 플랫폼을 오픈하기도 하고, 상품 기획 의뢰와 전문가 컨설팅, 상품 디자인과 제작, 판매처 세팅 등 필요한 과정을 지원하기도 한다. 2020년부터 본격적으로 시작된 이러한 흐름은 크리에이터 커머스 사업에 필요한 토털 서비스를 제공하는 형태로 확장되고 있다.

크리에이터가 이런 기업을 찾는 경우도 있지만, 새롭게 떠오르는 특징은 역으로 기업이 크리에이터를 발굴해 함께 브랜드를 만들기도 한다는 것이다. 앞으로는 기술력을 갖춘 OEM(Original Equipment Manufacturing, 주문자 위탁 생산) 회사가 유명 크리에이터와 함께 브랜드를 론칭해 직접 커머스 사업에 뛰어드는 예가 늘어날 것이다.

유튜브 또한 이런 흐름에 맞춰 단순 광고 인벤토리에 그치지 않고, 직접적인 커머스 전환을 일으키면서 수익을 배분하게 될 것으로 예상한다. 즉 유튜버가 직접적으로 커머스 활동까지 포섭하는 경향성이 강화될 것이다.

Don't be evil
악마는 되지 마라!

: Democracy Matters 관건은 민주화

Don't be evil. 구글의 회사 모토였다. 여기서 '였다'라는 과거형을 쓴 것은 더 이상 구글은 이 슬로건을 사용하지 않는다는 뜻이다. '나쁜 짓을 하지 않고도 돈을 벌 수 있다는 것을 보여주자'는 뜻을 지닌 문장은 단기간의 이익이 아닌, 장기적으로 신뢰를 줄 수 있는 서비스를 만들겠다는 의지를 나타낸 것이기도 했다. 사용자들은 구글의 모토에 공감하고 지지했다. 하지만 이제 이 선언문은 용도 폐기된 듯하다.

유튜브 민주주의의 양면성

유튜브를 둘러싼 민주주의 논쟁이 계속 거세지고 있다. 유튜브에서 '민주주의'라는 키워드는 양면적 트렌드를 반영한다. 하나는 백가쟁

명(百家争鳴)이라는 고사성어처럼 누구나 발언할 수 있는 민주적이고 긍정적인 환경 변화를 일컫는다. 동시에 동전의 양면처럼 허위 조작된 정보가 생산되고 퍼 날라지면서 사회적으로 해악을 끼치는 비민주적 상황에 대한 고발 차원에서 비판적 지적을 할 때 쓰인다.

먼저 유튜브가 민주주의의 확산에 긍정적 역할을 한다고 칭찬하는 목소리부터 살펴보자.

"유튜브는 민주주의의 혁명이다. 사람들이 길거리에 나가 주장을 펼치는 이유는 많은 이가 보고 듣게 하기 위함인데, 유튜브 방송이 이를 효율적으로 대체할 수 있다. 이제 일반 개인도 유튜브를 통해 얼마든 자기 생각을 표현하며 언론·출판의 자유를 누릴 수 있어 민주주의 발전에 정말 중요한 역할을 할 것 같다."

유튜브에서 법률 상식을 전하는 〈차산선생법률상식〉 채널을 운영 중인 박일환 전 대법관이 2019년 서울경제신문과 나눈 인터뷰에서 말한 내용이다. 34년간의 법조인 경력을 지닌 박 전 대법관의 말처럼 유튜브는 일상에서 누구나 마이크를 들 수 있게 해주는 매우 유용한 소통 도구이자 플랫폼이다. 더구나 코로나19 팬데믹을 거치면서 권위적인 국가중심주의의 부상이라는 전 세계적 흐름을 놓고 볼 때 유튜브처럼 누구나 발언할 수 있고, 정보 유통이 원활하게 이루어지는 환경의 중요성과 의미는 더욱 크다.

유튜브 이전의 전통 미디어 환경은 '기울어진 운동장'이란 표현이

나올 정도로 일부 특권층의 목소리가 과하게 두드러지거나 일부의 이해관계를 우선하는 등 왜곡돼 있다는 지적이 많았다. 그런데 유튜브 같은 디지털 플랫폼은 보다 자유로운 정보 생산과 유통 환경을 통해 민주적 광장 역할을 일부 담당하게 된 것이다.

반면 유튜브가 상업적 이해관계를 앞세우는 알고리듬을 적용하고 있으며, 그에 따라 선정적이고 자극적인 발언을 하는 콘텐츠가 늘어났다는 비판적 지적도 있다. 특히 '가짜 뉴스'로 불리는 허위 조작 정보의 범람은 민주사회의 근간을 흔들 정도로 상당히 큰 부작용을 야기하고 있다. 이에 따라 유튜브 또한 그 책임에서 자유롭지 못하다는 목소리도 나온다.

2021년 9월 유튜브 채널 〈가로세로연구소〉 출연진이 사이버 명예훼손과 모욕 등의 혐의로 체포되는 과정을 유튜브 생방송으로 진행했다. 더불어 슈퍼챗을 통해 기부도 받았는데, 유튜브 데이터 분석 사이트 플레이보드에서 확인해보니 그날 하루 동안 1,200만 원이 넘는 수익이 발생한 것으로 나타났다. 이 채널은 2020년 한 해 슈퍼챗으로 총 7억 7,600만 원을 벌어 국내 1위를 차지했고, 전 세계 채널 중에서도 10위권에 올랐다.

유튜브 슈퍼챗 모델은 아프리카TV의 '별풍선' 같은 기부 모델이다. 슈퍼챗은 긍정적 효과도 있지만, 자극적이고 선정적인 콘텐츠가 늘어나는 것에 대한 우려도 크다. 실제로 유튜브에서 슈퍼챗 수입이 높은 채널을 살펴보면 대체로 정치 관련 내용을 다루는 채널을 포함해 자극적인 콘텐츠가 많다. 이는 유튜브로 심화되고 있는 정치 상업주의의 단적 사례다.

이 채널들은 자신의 정치 편향성을 드러내며 공격적이고 극단적인 발언을 자주 한다. 이는 구독자를 확보하기 위함이고 그래야 금전적 수입도 높아지기 때문이다. 언론 단체와 전문가들은 "유튜브에서의 정치 상업화 현상은 정치 문화를 왜곡하면서 숙의민주주의(deliberative democracy, 熟議民主主義)에 위기를 초래한다"고 경고한다.

이 외에도 가짜 뉴스와 자극적인 뉴스가 유튜브 내에서 검증되지 않고 반복 재생산된다는 것도 문제다. 사용자들은 같은 유형의 잘못된 정보를 반복해서 보면서 자신도 모르게 세뇌된다. 지구가 평평하다고 주장하는 영상이나 잘못된 소문을 마치 진실처럼 부풀려 반복 재생산하는 채널도 있다. 자극적인 콘텐츠를 통해 광고 수익이나 구독자를 모으는 잘못된 행태가 근절되지 않고 있다.

이런 논란 속에서 유튜브와 관련된 핵심 의혹은 알고리듬 이슈로 귀결된다. 2021년 하반기 〈월스트리트저널〉이 내부 고발자를 통해 폭로하면서 세계적으로 큰 파장을 일으킨 페이스북 파일즈(Facebook Files) 특종 보도 또한 결국 상업적 이해관계를 우선하는 회사의 경영 방침과 알고리듬 운영 이슈에 대한 문제였다. 이 고발의 핵심은 페이스북이 뉴스피드에서 보여주는 콘텐츠의 판단 기준은 상업성에 따라

달라진다는 것이었다.

문제 게시물을 자동 삭제하는 프로그램을 운영한다고 했지만, 내부적으로 유명인에게는 다른 기준을 적용했다. 또 페이스북의 자회사인 인스타그램이 10대 소녀들에게 불안·우울증·자살 충동 등 악영향을 끼친다는 사실이 내부 연구 결과로 확인되었지만, 이 연구 결과를 공개하지도 않고 적극적으로 대응하지도 않았다. 이 외에도 페이스북이 사용자들의 양극화, 적대감 강화라는 부작용을 낳았지만 페이스북에서는 사용자 이용 시간이 줄어들 우려 때문에 적극적인 대응을 외면했다. 이뿐만이 아니다. 페이스북이 마약 거래와 인신매매 수단으로 활용되고 거짓 정보를 흘려 민주화를 요구하는 시민을 잡아 가두는 식으로도 활용되었지만, 페이스북의 대응은 미흡했다.

유튜브는 더 투명해져야 한다

그렇다면 유튜브의 알고리듬 이슈는 어떤 상황일까? 이와 관련해 '사람을 위한 인터넷'을 지향하는 모질라 재단에서 오랜 기간 방대한 자료를 수집하고 분석한 연구 보고서가 있다. 2020년 7월부터 2021년 5월까지 10개월간 크라우드 소싱 방식으로 전 세계 참가자를 통해 데이터를 수집하고 분석했다. 이 프로젝트에는 190개국 3만 7,380명이 유튜브의 문제 영상을 신고하는 방식 등으로 자발적으로 참여했다. 실제 제보 보고서를 제출한 사람은 91개국 3,362명이었다.

▼ '사람을 위한 인터넷'을 지향하는 모질라 재단의 'YouTube Regrets' 보고서 표지.

연구 보고서의 제목은 'YouTube Regrets'다. 유감스럽다는 뉘앙스를 표제로 삼은 것에서 읽을 수 있듯 보고서에서는 놀랄 만큼 다양한 실제 사례를 제시하며 신랄한 비판을 내포한 분석을 내놓았다. 주요 결과를 살펴보자.

프로젝트에 참여한 자원봉사자들은 다양한 문제 영상을 제보했는데, 그중 가장 많은 영상 카테고리는 허위 정보(misinformation), 폭력적이거나 노골적인 콘텐츠, 증오·혐오 표현 및 스팸·사기 등이었다. 문제 영상의 71%는 유튜브의 자동 추천 시스템이 자원봉사자에게 추천한 동영상에서 나왔다. 이는 유튜브 알고리듬의 문제이기도 하다. 유튜브 알고리듬은 유해 혹은 허위 정보로 신고된 콘텐츠의 70% 이상을 여과 없이 시청자에게 추천하고 있다는 사실도 드러났다. 게다가 여러 경우 유튜브는 실제로 자체 커뮤니티 가이드를 위반한 동영상이나 이용자가 이전에 시청한 동영상과 관련 없는 동영상을 추천해주었다.

이러한 문제점은 영어권 사용자보다 비영어권 사용자에게서 더 많이 발견되었다. 문제 영상 추천 비율은 영어를 모국어로 사용하지 않는 국가에서 60% 더 높게 나타났으며, 특히 비영어권에서는 코로나19 팬데믹 관련 문제 영상이 만연했다.

그동안 유튜브의 알고리듬 운영도 페이스북처럼 민주적이지 않고 상업적 이해관계를 우선한다는 의심의 시선이 많았는데, 모질라 재단 보고서를 통해 상당 부분 사실임이 드러났다. 보고서 말미에서도 강조했듯, 유튜브는 추천 시스템 작동 방식과 관련한 정보 공개 등 투명성을 제고하고 개선책을 내놓아야 할 것이다. 또 정책 입안자들은 유튜브가 자발적으로 투명성을 높이게끔 유도하고, 그것이 이행되지 않을 때는 규제가 필요하다는 사실을 인식하며 좀 더 적극적으로 나서야 할 것이다. 무엇보다 이용자들도 유튜브의 추천이 작동하는 방식을 이해할 필요가 있으며, 자신과 가족의 데이터 설정이 어떻게 돼 있는지 잘 살펴봐야 한다.

이렇게 유튜브를 둘러싼 논쟁은 계속 이어질 듯하다. 동시에 정보를 건강하게 유통하기 위해 유튜브가 개선되어야 할 부분은 무엇인지 같은 문제 제기는 사회적 해결 과제로 부상할 것으로 예상된다.

무엇이 진짜이고, 무엇이 가상인가?

: Experience the World 체험의 공유 세계

영국 옥스퍼드 사전에 새롭게 올라간 한국어 중 '먹방(Mukbang)'이라는 단어가 있다. '먹는 방송'의 줄임말인 먹방은 나 대신 먹어주는 사람들을 보며 대리 만족감을 느끼는 방송을 말한다. 유튜브를 통해 급속도로 전 세계로 퍼지며 결국 사전에 등재되었다. 이렇게 유튜브에는 간접 체험과 경험이 담긴 영상이 많다.

거대한 체험 공유장, 유튜브

유튜브의 출발점은 '누구나 원하는 영상을 쉽게 올리고, 공유하고, 볼 수 있게 하자(to post, share, view video content)'는 것이다. 그런 취지에 가장 잘 어울리는 영상 포맷 및 채널이 바로 브이로그(v-log)다. 자신의 일상을 일기 쓰듯, 블로깅하듯 영상으로 기록하고 공유하는 것이다. 특히 브이로그는 팬데믹의 혼란 속에서 '사회적 거리 두기'를 극복하는 데 발휘되는 효용성에 대한 인식이 커지다 보니 더욱 늘어나는 추세다. 재택근무를 하면서 사회적 거리 두기로 무료함이 커질 때 유튜브를 통한 소통과 경험 공유가 격리와 외로움을 극복하는 데 큰 도움을 줄 수 있기 때문이다.

실제로 유튜브에서 운영하는 뉴스레터 '유튜브 리뷰(YouTube Re: View)'에서도 여러 차례 코로나19 팬데믹 기간에 'with me 포맷' 영상이 크게 증가했다는 소식을 전했다. 특히 유튜브에서는 2021년 6월 한국을 비롯해 전 세계 8개 지역 트렌드를 분석한 리포트를 공개했다. '동영상을 통해 형성되는 연대와 유대감'을 주제로 한 트렌드 리포트 중 한국 편을 보면 한국 크리에이터들과 사용자들은 코로나19 이후 실시간 스트리밍을 통해 소통을 이어갔고, 친근하게 공감할 수 있는 콘텐츠를 찾았으며, 몰입감 있는 콘텐츠를 통해 크리에이터와 시청자가 함께하는 경험을 만드는 것으로 나타났다.

더불어 공개한 주요 사례 중에는 대부분 실시간으로 함께하는 공유 경험 사례가 많았다.

예를 들어 2021년 첫해를 여는 '제야의 종 타종 행사'가 비대면으로 진행되었다. 사람들은 스트리밍을 통해 타종 행사를 함께 지켜봤고, 새해 소원을 빌었다.

▼ 자신의 결혼식을 스트리밍으로 중계한 유튜브 〈SIYEON HAN〉 채널의 영상.
유튜브 트렌드 보고서에 대표적인 사례로 소개되기도 했다.

코로나19 장기화로 가장 큰 타격을 입은 사람들은 결혼을 앞둔 예비부부였다. 올해 방송된 예능 프로그램 〈우도주막〉은 신혼여행을 제대로 가지 못한 신혼부부들을 초대해 잊지 못할 추억을 전해주는 포맷으로 진행됐는데, 초대받은 많은 부부가 코로나19 팬데믹으로 인해 결혼식을 취소하거나 미룬 경험이 있었다. 실제로 결혼식 하객을 많이 초대하지 못한 신혼부부들은 어쩔 수 없이 자신의 결혼식을 유튜브 실시간 스트리밍으로 중계하기도 했다. 이는 오히려 더 많은 사람이 함께 결혼식을 관람하도록 했으며, 구독자들은 마치 자신의 가족이나 친구가 결혼한 것처럼 축하해주고 슈퍼챗을 통해 축의금을 전달하기도 했다.

사람들은 함께하는 경험을 '#스터디윗미(#studywithme)' 영상을 통

▼ 10시간 동안 스트리밍된 〈나잼니 Jam〉 채널의 스터디윗미 영상. 자신의 스케줄을 옆에 올려 함께 공부하는 루틴을 만들 수 있게 했다.

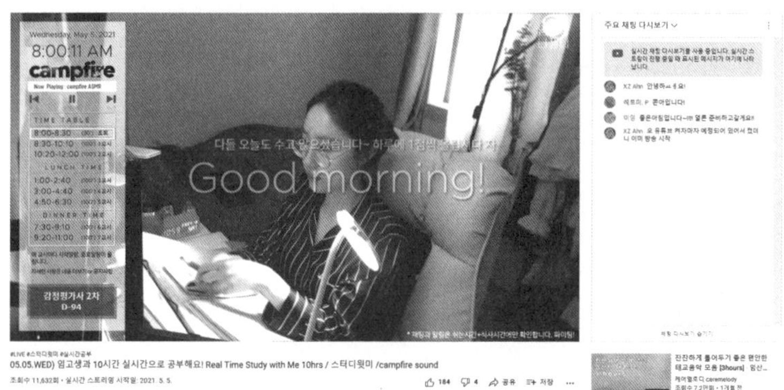

해 해소하기도 했다. 학교는 코로나19로 거의 2년 동안 제 역할을 하지 못했다. 학교는 단순히 학습 능력을 키우기 위한 지식 제공소 역할뿐만 아니라 또래와 함께 다양한 사회생활을 경험하는 곳이다. 그런데 2년 동안 학생들은 집에서 하루 종일 지내며 수업을 따라가야 했다. 새로운 친구를 사귀지 못하고 고립된 학생들은 스터디윗미 같은 실시간 스트리밍 영상을 통해 여러 사람과 함께 공부하는 기분을 느끼며 외로움을 달랬다. 스터디윗미 영상은 여럿이 모여 공부하는 온라인 독서실 역할을 하기도 하고, 함께 공부하며 자신만의 루틴을 만드는 데 도움을 주기도 했다.

이런 인기를 반영하듯 2020년 5월 1일부터 2021년 4월 31일까지 한국에서 스터디윗미 영상은 9,500만 회가 넘는 조회수를 기록하며 전년 대비 160% 이상 증가했다.

스터디윗미 사례로 소개된 영상을 살펴보면 재미있는 특징을 몇 가지 발견할 수 있다. 영상 스트리밍을 진행하는 크리에이터는 공부하면서 채팅창을 보지 않는데, 함께 스트리밍 영상을 보며 공부하는 사람들끼리 댓글로 소통하며 서로 의욕을 불어넣는다는 점이다. 함께 아침 인사와 출석 체크를 하고 공부하는 것을 살펴볼 수 있다. 또 공시, 군무원 시험, 임용고시 등 여러 분야 시험 D-데이를 올려 누구나 함께 열심히 공부할 수 있도록 접점을 만든 것도 이 영상의 특징이다.

브이로그 영상이 증가하면서 가장 사적인 순간을 공유하는 영상도 늘었다. 지극히 개인적인 상황을 공개하면서 시청자와의 심리적인 친밀감이 더 높아졌다. 특히 최근 인기를 끄는 영상이 출산 브이로그다. 아기의 탄생이라는 고통과 기적을 경험하는 영상을 통해 시청자들은 크리에이터의 일상을 자신이 함께하는 것처럼 느낄 수 있었다. 2020년 5월 1일부터 2021년 4월 31일까지 '출산 브이로그'라는 제목이 들어간 영상의 조회수가 전년 대비 250% 이상 증가했다.

유튜브에서 가장 큰 팬덤을 확보한 BTS는 신곡 'Butter'를 소개할 때 독특한 실시간 스트리밍을 통해 팬을 결집시키기도 했다. 뮤직비디오 공개 전 ASMR 사운드와 함께 1시간 동안 버터가 녹는 과정을 보여주었다. 이 실시간 스트리밍 영상은 96만여 명의 최대 동시 접속자수를 기록하며 총 1,700만 회 이상의 조회수를 기록했다.

▼ BTS는 신곡 'Butter'를 소개하기 전 1시간 동안 버터가 녹는 모습을 담은 스트리밍 방송을 통해 팬인 아미(ARMY)들에게 함께하는 듯한 느낌과 기대감을 극대화했다.

이런 사례를 접하다 보면 유튜브가 영상을 매개로 한 '거대한 체험의 공유장'임을 다시금 느낀다. 그 체험은 대형 유튜브 채널에서 방송하듯 공유되는 경우도 있고, 수많은 롱테일 채널에서 소소하게 공유되기도 한다.

우리는 유튜브에서 주목받는 영상을 통해 요즘 사람들의 관심사나 '사회 트렌드'를 파악할 수 있다. 예를 들어 요즘 유행하는 패션 트렌드는 유튜브의 주요 룩북(look book) 채널을 통해 엿볼 수 있고, 요즘 방송가에서 뜨고 있는 인물이나 노래는 유튜브의 인기 영상에 올라온 클립을 통해 파악하는 식이다.

동시에 수많은 브이로그형 롱테일 채널이 늘어나는 현상은 예전에 사진을 앨범에 모아두거나 블로그에 일상의 주요 장면을 기록하는 브이로그 포맷이다. 다양한 삶의 기록이나 공공 생활에 참여한 기록을 촬영해 기록하듯 유튜브에 올려두는 것으로 이해할 수 있다.

이렇게 작은 채널과 큰 채널을 아울러 다양하게 공유한 체험과 소통이 늘어나다 보면 개인적 차원을 넘어 사회적 경험의 공유로 이어지고, 사회적 맥락의 공유로 확장할 수 있다. 예전에 웹 기반 포털이 '퍼블릭 스트리트(public street)'로 기능한다는 지적이 있었는데, 유튜브도 그런 공공 가로(公共街路) 역할을 하고 있다고 해석할 수 있다.

유튜브, 메타버스를 품어가다

대리 경험 및 공유 경험, 실시간 스트리밍 세계는 유튜브를 넘어 메타버스(Metaverse)로 확장되고 있다. 2021년 온라인 미디어에서 가장 큰 열풍을 몰고 온 것이 메타버스다. 상반기 잠시 주목받은 오디오 플랫폼 클럽하우스가 현재 열풍이 사그라든 반면, 메타버스는 꾸준한 관심을 얻고 있다.

메타버스는 초월을 뜻하는 메타(meta)와 세계를 뜻하는 유니버스(universe)를 합친 말이다. 국립국어원에서 '확장 가상 세계'란 말로 정리한 이 개념은 현실 세계와 연결되어 사회·경제·문화 활동이 가능한 3차원 가상 세계를 뜻한다. 2003년 린든랩이 내놓은 3차원 가상현실 기반의 게임 세컨드 라이프(Second Liffe)가 대표적 서비스다.

21세기 초반 한동안 인기를 끌었던 이 서비스는 기술적 제약 등 여러 요인으로 관심에서 멀어졌다. 그와 더불어 메타버스 열기도 시들

▼ 유튜버 꽈뚜룹은 부캐로 활동하다 자신의 정체성을 찾기 위해 은퇴 영상을 만들었다.

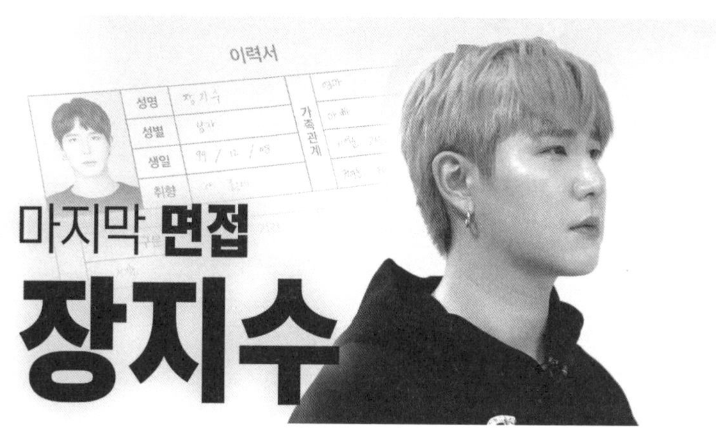

해졌다가 최근 다시 중요 서비스로 인식되며 관심이 높아지고 있다. 오큘러스를 인수하며 VR 기술에 열중하던 페이스북의 CEO 마크 저커버그는 2021년 여름 "5년 후 사람들은 페이스북을 소셜 미디어 기업이 아니라 메타버스 기업으로 부르게 될 것"이라며 기업 비전을 메타버스로 설정했다. 이후 10월에는 아예 회사 이름을 페이스북에서 '메타(Meta)'로 바꿨다.

그런데 유튜브에서의 대리 경험 혹은 공유 경험 사례가 메타버스와는 어떻게 연관이 있을까? 2021년 9월 화제를 모은 유튜버 꽈뚜룹의 은퇴 선언 사례에서 연결 고리를 유추해볼 수 있다.

먼저 꽈뚜룹에 대해 간단히 살펴보자.

채널명 〈꽈뚜룹〉은 장지수란 20대 초반 남자의 '부캐' 이름이다. 그는 2016년 11월 '미국에서 살다 온 교포' 콘셉트로 꽈뚜룹이란 부캐를 만들고 유튜브 채널을 개설해 가상 인물의 브이로그를 영상으로 공유했다. 초기에는 별 반응이 없었다. 그는 꽈뚜룹 캐릭터에 열중하며 라이브 스트리밍이나 기획 영상을 통해 사람들과 꾸준히 소통하며 일상 경험을 낱낱이 공유했다. 그런 진정성이 많은 이에게 공감을 얻어 어느새 구독자가 130만 명을 훌쩍 넘어섰다. 그런데 5년 만에 돌연 은퇴 선언을 하고 부캐를 버리고 본캐로 돌아간 것이다.

광고 수익과 협찬 수익 등 연간 수억 원의 수입이 보장된 큰 채널의 콘셉트와 캐릭터를 중단하는 것이 쉬운 결정은 아니었을 법하다. 그런데 장지수는 "어떤 배역을 설정하고 그에 맞춰 생활하다 보니 원래의 나를 잃어버리는 것 같아서 당분간 쉬려고 한다"고 설명했다. "나를 잃어버리는 것 같아서"라는 대목에서 개인의 정체성과 '다중적 자아'에 대해 생각하게 한다.

메타버스라는 가상의 환경에 대해 강원대 김상균 교수는 "아바타로 소통하는 새로운 디지털 세상"이라고 정의를 내린 바 있다. 여기서 아바타는 개인의 정체성을 드러내는 매개체다. 아바타에 자신의 현실 캐릭터를 그대로 반영한다 해도 실제 드러나는 정체성은 다중적 자아가 발현되는 경우가 많을 것이다. 마치 온라인 게임에서 사용자 프로필을 꾸밀 때 성별이나 외모, 취향 등 여러 요소를 다양하게 변용하는 것처럼 말이다.

유튜버 꽈뚜룹은 바로 그런 다중적 자아 중 하나를 발현시키고 그 정체성으로 현실의 일상을 꾸려나가면서 사람들과 공유했다. 필자는 씨로켓 매체(c-rocket.net)에서 이 사례를 정리하면서, "스스로 만든 트루먼 쇼"라고 해석한 바 있다. 자신이 설정한 세계관에 스스로를 던져 넣고 수많은 사람에게 관찰되고 평가받는 걸 택한 것이다. 유튜버의 일상이 직업이자 놀이였던 셈이다. 그가 보낸 5년의 시간은 꽈뚜룹의 일생이었다. 하나의 정체성이 탄생해 일상의 다양한 모습을 공유하면서 소통하다 스스로 소멸한 과정으로 볼 수 있다. 이렇게 시간과 공간을 압축적으로 가속화한 것은 유튜브 덕분에 가능했다. 트루먼 쇼에는 거대한 세트장과 방송 제작진이 동원돼야 했지만, 꽈뚜룹은 유튜브와 카메라 한 대로 충분했다. 메타버스 환경에서 활동하는 아바타, 즉 부캐는 이미 유튜브에서 실현되고 있었다.

부캐 현상은 현재 발전해 가상 유튜버의 탄생으로 확장되었다. 우리나라 대표 버추얼 유튜버 루이는 7명의 얼굴 데이터를 기반으로 AI가 만들어낸 가상 인물이다. 몸과 머리카락까지는 실제 사람이며, 얼굴만 AI다.

버추얼 유튜버는 인플루언서 마케팅 시장의 필요에 따라 탄생했다. 유명 연예인이나 인플루언서의 평판 리스크가 높아지면서 상대적으로 문제가 일어나지 않는 버추얼 휴먼 인플루언서가 광고사들의 주목을 받은 것이다. 기술이 발전하면서 버추얼 인플루언서 마케팅 시장은 더욱 확대될 것으로 보인다.

모든 정보를 알려주는 지식iN 유튜브

웹 기반에서 지식iN을 통해 궁금함이나 문제를 해결하던 상당 부분의 수요가 유튜브로 옮겨 온 것도 경험 공유 방식에서 동영상 비중이 커졌음을 나타낸다. 지식iN 질문 가운데 경험치가 필요하고 영상과 잘 맞는 내용이 유튜브 영상으로 담겨졌고 꾸준히 늘어났다. 여행 정보라든지 홈 트레이닝 요령, 요리 레시피 등 직접적인 체험과 연관된 것은 영상을 통해 바로 보여주며 설명할 수 있기 때문이다.

옛날에 만물상이라는 가게가 있었다. 가전제품 부품부터 온갖 공구, 소모품까지 만물상에는 모든 것이 있었고, 사람들은 자신에게 필요한 물건을 구입하며 수리 방법을 배워 가곤 했다. 유튜브는 온라인 만물상이라고 해도 과언이 아니다. 평소 생각하지 못한 궁금증을 검색해도 유튜브는 마치 온갖 답을 알고 있는 것처럼 영상을 추천해준다.

이런 부분도 차후에는 메타버스로 이어질 개연성이 크다. 이러한 영상에 VR과 AR 등 메타버스 기술이 접목해 이용자들이 스스로 경험 공간으로 들어가 직접 체험하는 것처럼 느낄 수 있게 된다면 어떨까? 실제로 요즘 오큘러스 퀘스트2를 통해 우주선 내 유영 경험이나 헬기에서 뛰어내리는 스카이다이빙 등을 대리 체험하는 게임이 인기를 끌고 있다.

유튜브 크리에이터들은 다양한 경험 공유와 정보 제공을 통해 자신의 콘텐츠 IP를 확장해갈 것으로 보인다. 시청자가 원하는 모든 것을 보여주며 이를 수익 모델과 접목해나갈 것이다. 함께하는 판을 만들고 그 안에서 수익을 얻는 크리에이터가 늘어날 것이다.

증폭되는 팬덤, 나도 스타다

: Fandom Marketing 팬덤 마케팅

2021년 초 브레이브걸스의 '롤린'이 역주행하며 인기를 되살린 계기는 브레이브걸스 공연 영상에 달린 댓글을 모은 한 편의 영상이었다. '군보드' 차트에서는 독보적 1위인데 일반인에게 잘 알려지지 않은 노래 '롤린'의 댓글을 모은 영상에 폭발적인 반응이 일어난 것. 2021년 10월 말 현재 조회수 2,300만 회가 넘은 이 영상에는 무려 5만 2,000여 개의 댓글이 달릴 정도로 꾸준히 인기를 얻고 있다. 첫 번째 영상이 인기를 끌자 다시 만든 두 번째 영상에도 1만 개가 넘는 댓글이 달렸다. 그 덕분에 다들 알고 있듯 브레이브걸스는 음원을 역주행해 가요 차트 1위에 올랐다.

유튜브 커뮤니티의 핵심 요소, 팬덤

단골 2,000명이 있으면 동네 가게는 망하지 않는다고 한다. 단골은 충성 고객을 뜻한다. 유튜브에서는 구독자라고 할 수 있다. 단순 구독자를 넘어 실제 영상에 반응하고 소통하는 댓글을 다는 사람이 많을수록 그 채널은 강력한 팬덤을 확보한 것으로 본다.

유튜브 채널이 지속 성장하기 위한 기반은 이전부터 계속 강조했듯 '커뮤니티의 형성'이다. 〈유튜브 트렌드 2020〉에서 이미 이 커뮤니티에 대한 부분을 다뤘다. "유튜버는 커뮤니티를 구축하는 사람이다(Youtuber is a community builder)"라고 정의한 〈영국남자〉 채널 운영자 조쉬의 멘트를 인용하며 커뮤니티의 중요성을 강조한 바 있다.

그렇다면 유튜브에서 커뮤니티가 형성되고 지속되게 하는 힘은 어디에서 나올까? 이 부분은 팬덤(fandom)으로 설명 가능하다.

〈피식대학〉 채널 중 한 코너인 'B대면 데이트'는 커뮤니케이션과 팬덤의 관계에 대해 잘 보여주는 사례 중 하나다. 영상통화 방식의 콘텐츠는 마치 영상을 보는 사람이 해당 인물과 직접 대화하는 듯한 느낌을 준다. 'B대면 데이트' 등장인물 중 가장 인기를 끈 캐릭터는 카페 사장 최준이다. 혀가 짧은 듯한 발음으로 아주 느끼하게 멘트를 날리는 최준은 보면 볼수록 중독되는 버터 식감 말투로 엄청난 인기를 끌고 있다.

공중파 방송에서 개그 프로그램이 사라지는 시대. 개그맨들은 새로

▼ 공중파 방송에서는 인지도가 그리 높지 않았던 개그맨 이창호는 유튜브에서 여러 캐릭터를 선보이며 강력한 팬덤을 거느린 스타가 되었다.

운 플랫폼에서 자신의 끼를 펼쳤고, 공중파보다 더 강력한 팬덤을 생성하며 스타가 되었다. 이호창 본부장을 연기한 이창호나 최준을 연기한 김해준도 마찬가지다.

'누구나 채널을 만들고 영상을 올릴 수 있다'는 것은 곧 '누구나 스타가 될 수 있다'는 것과 같은 의미다. 일반 유튜버의 경우에도 구독자와 열심히 소통해나가면 자신만의 팬덤이 생기는 경우가 많다. 적극적인 커뮤니케이션을 위해 라이브 방송을 하고, 방송하면서 댓글을 달아준 구독자들의 아이디를 부르며 인사하고 답하는 과정을 통해 유튜버와 구독자의 친밀도가 높아진다.

이는 대선 후보가 전국을 돌아다니며 한 명이라도 더 직접 만나려고 하고, 악수를 하는 것과 같은 원리다. 좀 더 가깝게 대면할 경우 신뢰가 높아지고 적극적으로 좋아하게 되는 것이다. 이렇게 구축된 팬덤은 스노볼처럼 커지며 역으로 채널의 성장에 도움을 준다. 일부 정치 채널 성장도 이러한 팬덤 현상과 맞물려 이루어졌다. 자신이 지지하는 정치인은 스타와 다름없고, 이를 응원하는 채널이야말로 내가 구독하고 응원해야 하는 채널이라고 여기기 때문이다. 맹목적 지지는 진실을 왜곡하는 영상도 비판 없이 그대로 받아들이게 만드는 문제를 낳았다. 확증편향이라고 할 정도로 자신이 듣고 싶은 정보만 계속 찾아보며 잘못된 정보를 사실로 믿는 경우도 많아졌다.

BTS가 강력한 팬덤인 '아미(ARMY)'를 만들 수 있었던 것도 유튜브 덕분이었다. 데뷔 초기 방송에 나가기 힘들었던 그들은 모든 활동에 얽힌 이야기를 유튜브에 올렸고, 팬들은 그 영상을 보며 '입덕'을 하는 등 더욱 강력한 팬이 되어갔다. 계속 보다 보니 어느새 팬이 되어 있는 식이다. 현재 유튜브에서 가장 많은 팬을 확보한 아티스트 채널은 블랙핑크다. 6,500만 명이 넘는 구독자수는 웬만한 한 국가의 인구수보다 많다. 이렇게 강력한 팬덤을 기반으로 아티스트는 자신의 곡을 홍보하는 데서 더 나아가 굿즈 판매나 콘서트 판매 등 다양한 커머스 모델로 연결하고 있다.

팬덤 형성의 4단계 이론

팬덤은 사회 전반적으로 여러 영역에서 중요한 이슈로 부상하고 있다. 특히 요즘 상당수 브랜드나 기업은 '우리 브랜드(기업)의 팬덤을 어떻게 만들어낼까' 고민한다. 기업 유튜브를 통해 소통을 강화하는 것 또한 팬덤을 구축하기 위한 방법 중 하나다.

물론 모든 채널이 팬덤을 형성하며 성장하는 것은 아니다. 우선 팬덤은 무엇이고 어떻게 만들어지는지 살펴보자.

팬덤의 어원은 '광신자'를 뜻하는 영어 fanatic의 'fan'과 나라를 뜻하는 'dom'을 합친 것이다. 그리고 팬덤의 정의를 살펴보면 '공통의 관심사를 공유하는 다른 사람들과 공감 및 동지애로 뭉친 팬에 의해 구성된 하위문화'라고 나온다. 팬은 일반적으로 팬덤의 대상물에 대한 사소한 세부 사항에도 관심을 갖고 있으며, 자신의 시간과 에너지 상당 부분을 쏟기 때문에 가벼운 관심사를 가진 사람들과 구별된다.

팬덤이 형성되는 과정에 대해서는 오래전부터 학계 연구가 이어져왔다. 영국의 사회학자 앤드루 튜더(Andrew Tudor)가 '스타와 팬의 관계'에 대해 연구하고 논문을 통해 대중문화 소비자가 팬으로서 받는 영향을 네 가지 모델로 정리한 것이 꾸준히 인용되고 있다.

튜더에 따르면 첫째는 정서적 애착(emotional affinity)으로 대중은 특정 스타를 향해 감정적으로 친해지고 느슨한 애착을 느끼게 된다. 둘째, 자기 동일시(self-identification)로 감정적 면에서 나와 같다고 생각하는 동일시 현상이 생긴다. 셋째, 모방(imitation)으로 따라 하는 단계가 된다. 넷째는 투사(projection)로 외모와 행동을 모방하는 차원을 넘

▼ 카카오가 제작하고 카카오TV와 넷플릭스에서 방송되는 〈개미는 오늘도 뚠뚠〉에는 유튜브 채널 〈삼프로TV〉의 김프로 김동환 씨와 〈슈카월드〉의 슈카 전석재 씨가 고정으로 출연 중이다.

어 심리적 차원에서 완전히 몰입하는 단계다.

'유튜브 시대의 비틀스'로 불리는 BTS의 글로벌 팬덤, ARMY가 만들어지는 과정 또한 이러한 팬덤 형성 이론에 부합한다. 사회적 비판성을 강조하고 청소년의 꿈과 도전을 얘기하며 'Love yourself'라는 메시지를 던지는 BTS에 대해 동일시 현상이 나타났다는 학계 분석이 이를 뒷받침한다. 그리고 이러한 현상의 밑바탕에는 유튜브라는 플랫폼이 있음을 간과할 수 없다. 특히 초기 한국 팬 중심의 유튜브 등 플랫폼을 통한 스트리밍 문화가 상호적인 팬덤 교류 문화와 함께 글로벌로 확산되었다.

글로벌 대스타만 팬덤을 얻는 것은 아니다. 우리 일상 속 다양한 개인 크리에이터, 그동안 알려지지 않았던 창작자가 일정한 그룹의 팬덤 현상을 만들어내고, 그것이 또 급성장하면서 커다란 커뮤니티로 발전하기도 한다. 이런 움직임이 늘면서 최근에는 전통 매체보다는 유튜브에서 스타가 탄생하는 경우가 훨씬 더 많아지고 있다.

요즘 지상파와 CA TV 출연자 가운데 새롭게 등장한 인물을 살펴보면 '도티'와 '슈카', '신사임당' 등 유튜브에서 인지도가 높아지며 섭외된 경우가 상당하다. 2021년 하반기, 화제가 된 신인 배우 주현영은 쿠팡플레이의 오리지널 콘텐츠 〈SNL 코리아〉에 출연하면서 알려지기 시작했다. 그런데 대다수 사람들이 인턴기자 주현영이 출연한 클립을 시청하고 댓글을 남기는 등 주로 소비한 공간은 유튜브다. 초기에는 해당 클립이 젊은 여성에 대한 비하나 혐오 논란을 빚으면서 화제가 되기도 했지만, 시리즈가 지속되며 '하이퍼리얼리즘'이라는 표현까지 동원한 댓글처럼 디테일하고 실감 나는 현실 연기로 유명세와 함께 팬덤이 형성되었다.

2021년 하반기 전 세계를 강타한 〈오징어게임(Squid Game)〉도 마찬가지다. 대표적 OTT인 넷플릭스를 통해 세계 각지에 전파되면서 무려 81개국에서 1위를 차지하며 인기를 얻었는데, 그 인기가 확산되고 놀이처럼 전파되는 데 유튜브와 소셜 미디어의 공이 컸다.

OTT는 TV를 활용하면서 수동적 모드에서 집중하며 몰입감 있게 시청하되, 그 콘텐츠가 힘이 생기고 함께 갖고 놀 만한 소재가 있다면 유튜브와 소셜 미디어에서 팬덤 형성과 바이럴이 이뤄지는 것이다.

기업과 브랜드의 팬덤 마케팅

팬덤은 엔터테인먼트나 개인 차원에 국한된 이슈가 아니다. 브랜드의 고민도 바로 이 이슈와 맞닿아 있다. 유튜브에서 콘텐츠를 매개로 고객과 소통하는 브랜드는 어떻게 채널 파워를 키워갈까. 여기서는 그 브랜드 유튜브 채널이나 콘텐츠에 대해 고객이 어떻게 인식하고 받아들이는지가 관건이다. 채널 파워를 키우기 위해서는 팬덤이 중요한데, 이를 만들려면 어떻게 해야 하는지 같은 가장 본질적인 고민으로 이어지는 것이다.

브랜드의 팬덤이 생기기 위해서는 기업이 진정성을 갖고 추구하는 의미 있는 비전(세계관)에 공감하는 팬이 생겨나야 한다. 또 브랜드는 팬과 소통하며 더 좋은 세상을 위해 변화를 함께 이끌어가는 실질적인 노력을 기울여야 한다.

예를 들어 애플 아이폰의 경우, 혁신적이고 직관적인 디자인과 사용성으로 강력한 팬덤을 확보했다. 아이폰은 스마트폰 개념을 완전히 새롭게 바꿔놓은 혁신적 제품이었다. 사실상 스마트폰의 역사는 아이폰 이전과 이후로 나뉜다. 그러다 보니 아이폰은 출시 프레젠테이션부터 기능 하나하나까지 얼리 어답터의 관심을 끌었다. 사람들은 프레젠테이션부터 챙겨 보며 열광했다.

하지만 이런 팬덤 현상에는 명암이 있다. 팬덤의 이면에는 평판 관리 리스크도 존재하기 때문이다.

최근 부쩍 늘어난 '가상 유튜버(Virtual Youtuber)' 또한 팬덤을 구축하되 부정적 리스크는 없애고 싶은 기업의 이해관계와 일치하며 지속적인 투자가 이루어지고 있다. 그리고 정치인의 유튜브 채널은 팬덤 현상을 강화하기 위해 자극적이고 선정적인 발언을 일삼거나 허위 조작 정보를 무분별하게 남용하는 사례도 있어 주의가 요구된다.

팬덤의 명암에도 유튜브는 커뮤니티 기반이 확장되면서 앞으로도 새로운 팬덤을 지속적으로 만들어내는 플랫폼이 될 것으로 보인다.

이곳에서 우물 안 개구리는 더 이상 없다

: Global Village 연결된 지구촌

유튜브는 시간과 공간을 압축하고 가속화했다. 빨리 돌려 보기를 통해 정보 탐색과 습득 시간을 줄였고, 전 세계 누구나 실시간으로 소통할 수 있는 구조를 통해 공간을 압축했다. 그 결과로 나타난 현상 중 하나가 '지구촌'이다. 세계 어느 곳에서든 유튜브를 통하면 마실 가듯 전 세계를 쉽게 오갈 수 있고 소통할 수 있다.

예를 들어 한국에서 올린 아티스트의 영상에 전 세계 팬이 몰려와 함께 감상하고 댓글을 다는 식이다. 예전에는 있는지도 몰랐던 해외 팬은 유튜브를 통해 직접적으로 소통하는 관계가 되었다. 유튜버 중에서도 국내 구독자보다 해외 구독자가 많은 유튜버가 있다. 이미 유튜브 세상에서는 콘텐츠 타깃 대상이 글로벌화되었다.

▼ 아바는 자신의 아바타를 만들어 유튜브를 통해 복귀했다. 그들의 복귀 영상에 전 세계 팬이 환호하며 댓글을 남겼다.

유튜브로 가는 동네 마실

2021년 9월 초 아바(ABBA)가 돌아와 전 세계 팬이 열광했다. 아바가 복귀 소식을 가장 먼저 알린 공간은 유튜브였다. 'I Still Have Faith in You' 등 신곡 두 곡의 뮤직비디오를 앨범 발매 이전에 유튜브에 먼저 올린 것이다. 조회수가 하루 만에 1,200만 회를, 1개월 사이에 3,500만 회를 넘어서고 댓글이 4만 개 남짓 달릴 정도로 붐볐다.

이렇게 댓글을 통해 환호하고 기뻐하는 풍경은 마치 한동네 사람들이 축하하는 것처럼 보인다. 지구촌 현상을 보여주는 사례이며, 이것이 바로 유튜브가 가진 상당히 큰 강점이다. 더불어 유튜브는 실시간 소통 창구 역할도 하다 보니 함께 환호하는 것을 넘어 다양하고 많은 커뮤니케이션이 일어나기도 하고, 의미 있는 현상이나 변화를 이끌어내는 경우도 있다.

넷플릭스 오리지널 〈오징어 게임〉이 전 세계적 신드롬을 불러일으키는 데 유튜브와 같은 플랫폼이 없었다면 확산세나 공고함이 강력해지기가 어려웠을 것이다. 넷플릭스는 다양한 영상 콘텐츠를 제공하지만, 영상을 보고 넷플릭스 안에서 사람들과 소통하기는 쉽지 않았다. 그 역할을 유튜브가 맡은 것이다. 〈오징어 게임〉 분석 영상과 실제 게임을 따라 하는 영상, 출연자들의 토크쇼 출연부터 각 출연자를 소개하는 영상 등 하나의 콘텐츠에서 파생된 다양한 콘텐츠는 커다란 줄기를 이루어 〈오징어 게임〉이라는 콘텐츠를 전 세계적인 신드롬으로 성장시켰다.

전 세계 사람들은 이 영상들에 댓글을 달며 자신의 경험과 추억을 이야기하기도 하고, 세상에 대한 비판적인 인식을 나누기도 했다. 또 이렇게 유행이 되면서 〈오징어 게임〉을 보지 않은 사람도 관심을 갖고 찾아보게 만들었다.

유튜브가 지구촌 곳곳을 연결한 덕분에 큰 덕을 보는 곳 중 하나가 연예 기획사다. 필자가 포털에서 근무할 때 대표적 연예 기획사 S사와 신규 프로젝트를 의논한 적이 있었다. 포털에서 매일 유명한 아이돌 그룹의 동영상 스트리밍을 해보자는 기획이었다. 그런데 기획사 입장에서는 사업적으로 볼 때 국내 포털보다는 유튜브 플랫폼을 통한 글로벌 시장 공략을 더 우선시했다. 아쉽게도 결국 그 프로젝트는 불발되고 말았다.

유튜브가 파트너 프로그램을 론칭하면서 공들인 곳 중 하나가 한국 연예 기획사다. 앞서 언급했듯이 어느 나라, 어느 도시에서 어떤 아이돌 그룹의 뮤직비디오가 인기를 끌고 있는지 기획사에 데이터를 제공하겠다고 제안한 것이다. 기획사 입장에선 이용자 반응을 확인할 수 있는 지역을 골라 콘서트를 하면 확실하게 흥행할 수 있으니 마다할 이유가 없었다.

전 세계가 한류에 열광하는 배경

〈기생충〉과 〈오징어게임〉, BTS와 블랙핑크 채널은 현재 유튜브에서 가장 강력한 콘텐츠로 자리 잡고 있다. 10~20년 전만 해도 이런 신드롬이 전 세계를 강타할 것이라 생각한 사람은 없었다. 이러한 K-컬처가 폭발적 인기를 얻게 된 것은 유튜브 같은 글로벌 파이프라인 덕분이다.

코로나19 팬데믹을 거치면서 확연히 드러난 현상 중 하나가 디지털 플랫폼 비중이 늘어났다는 것이다. 이전에는 세계화와 함께 세계 곳곳을 물리적으로 오가는 사업적 연계가 많았다. 하지만 코로나19 팬데믹을 겪으면서 탈세계화 현상이 뚜렷해졌다. 세계를 오가는 것 자체가 위험해졌기 때문이다. 그러다 보니 디지털 기반 연결로 교류하려는 수요가 더 커졌다.

디지털 기술의 발달로 실시간 스트리밍은 수십만, 수백만 명이 동시 접속해도 안정된 서비스를 제공할 수 있게 되었다. 이를 통해 사람들은 그 어느 때보다 공고하게 연결되었다.

지구촌과 관련해서는 어떻게 보면 한국인이 특히 더 많이 체감하는 것 같다. 문화적 영역에서는 한류가 다양한 분야에서 크게 성장했고, 글로벌 리더십을 발휘하고 있다. 유튜브를 통해 전 지구적으로 연결된 환경이었기에 가능했다. 코로나19는 오프라인에서 거리 두기 등 연결의 단절을 일상화했지만, 유튜브 같은 디지털 플랫폼을 통해 하나의 공동체처럼 연결할 수 있는 환경을 확실히 체감하게 만들었다.

또한 유튜브와 넷플릭스, 스포티파이 등 스트리밍 기반 서비스가 크게 약진하면서 판도가 바뀌어가고 있다. 넷플릭스와 디즈니플러스 등 글로벌 OTT 플랫폼이 세계의 안방에 스며들고 있다. 전 세계 동시 개봉이라는 신작 영화의 공격적 개봉 방식은 전 세계 영화관에 국한된 얘기가 아니고, 안방극장에서의 동시 오픈을 의미하는 것으로 바뀌었다.

넷플릭스 오리지널을 전 세계에서 동시에 공개하는 식이다. 넷플릭스는 이를 통해 강력한 주목 효과를 얻고, 나아가 콘텐츠 소비를 진작하고 있다. 세계 각국에서 오픈하고 있는 디즈니플러스 또한 자체 오리지널 시리즈로 콘텐츠 세계관을 확장하고, 전 세계 사람들이 함께 즐기도록 하고 있다. 유튜브는 이미 아티스트들이 실시간으로 팬과 소통하는 가장 강력한 플랫폼이 되었고, 스포티파이의 경우 전 세계

음악 팬을 대상으로 음원을 올리고 소통하는 공간이 되었다.

유튜브에서 커버곡을 부르는 크리에이터들이 스포티파이에 자신의 음원을 올리고 수익을 올리는 모델도 일반적이다. 그들의 전 세계 구독자는 굳이 한국에 와서 음반을 살 필요 없이 스포티파이에서 음원을 듣는다. 예를 들어 이탈리아의 누군가가 자신이 좋아하는 한국 인디 밴드의 음악을 자유롭게 들을 수 있는 세상이 된 것이다. 앞으로도 유튜브와 같은 뉴미디어를 기반으로 지구촌 현상이 이어지리라 예상된다.

로컬 이슈의 글로벌 공론화 현장이 된 유튜브

유튜브는 모든 사건이 실시간으로 엮이고 확장되는 곳, 세계의 축소판이 되었다. 그러다 보니 자칫 묻힐 수 있는 어젠다가 글로벌하게 공유되고 부상하기도 한다. 레거시 미디어가 강력한 주도권을 잡고 있을 때는 이들 미디어를 단속하면 이슈 생산은 줄어들었다. 하지만 이제는 단속할 수 없다. 수백, 수천 개 채널에서 동시다발적으로 쏟아져 나오는 이슈를 조절하기란 쉽지 않은 일이다.

그 덕분에 유튜브에서는 쿠데타의 부당성과 군부의 폭력성을 고발하는 미얀마 시민의 목소리, 민주화를 요구하는 홍콩 시민의 목소리가 전 세계로 퍼져나갈 수 있었다. 미얀마의 유명 뷰티 인플루언서 한나유리는 뷰티 메이크업 노하우와 함께 K-팝, K-드라마 등 한류를 소개하는 유튜브 크리에이터인데, 자신의 채널을 통해 미얀마 군부 쿠데타의 부당성을 알리기도 했다. 그녀는 한 인터뷰에서 쿠데타로 상황이 좋지 않은 미얀마를 응원하고 돕는 한국인들에 대해 감사의 인사를 남기며, SNS에서 영향력 있는 인플루언서라면 더 책임감 있게 활동해야 한다고 말했다. 연결된 지구촌 환경을 유튜버가 강화하고, 그 속에서 사회적으로 커다란 영향력을 미친다는 사실을 보여주는 사례다.

해외에 있는 미얀마 국민이 응원 방송을 만들어 치열하게 투쟁하는 고국의 국민에게 희망을 주기도 한다. 이들은 전 세계인을 대상으로 미얀마의 현실을 고발하고 있다.

신문의 외신 한두 줄로 정리될 것 같은 사건도 유튜브를 통해 확대 재생산될 수 있다. 유튜브는 사회적인 여러 변화가 일어나게 만들었다. 유튜브는 우리 일상을 변화시켰으며, 이를 통해 사회와 문화의 변화를 가져왔다. 유튜브는 앞으로 더욱 강력한 연결을 통해 지구촌 사람들을 세계시민으로 만들 것으로 보인다.

유튜브는 앞으로

미디어, 브랜드, 크리에이터에

어떤 변화를 일으킬 것인가?

또 새롭게 떠오른

숏폼 플랫폼에 맞서

유튜브는 어떤 모색을 해나갈까?

이미 유튜브는

TV를 대체하는 바보상자가 되었다.

하지만 여기서 그치지 않고

최고의 콘텐츠 커머스 플랫폼으로

도약 중이다.

과거 TV가 장악하던 광고 헤게모니는

이미 온라인, 아니 더 구체적으로는

유튜브에 집중되고 있다.

향후 유튜브의 변화 방향을

미디어 전문가, 제작사 대표,

크리에이터와의 대담으로 예측해본다.

씨로켓 with 강정수 박사 | 2022년 유튜브는 과연 숏폼까지 장악할까?

씨로켓 with 김남훈 대표 | 기업은 유튜브에서 어떻게 살아남아야 할까?

씨로켓 with 최광백 크리에이터 | 레드오션 유튜브에서 크리에이터의 생존 방법은?

PART

3

2022년 유튜브 인사이트 대담

YouTube TREND 2022

2022년 유튜브는 과연 숏폼까지 장악할까?

거대한 유튜브 경제의 탄생, 슈퍼 앱 유튜브

김경달 2005년에 창업한 스타트업 유튜브는 2006년 구글에 인수되었죠. 16년쯤 된 서비스입니다. 2022년 유튜브가 나아갈 방향을 살펴보기에 앞서, 지금까지 유튜브는 어떻게 진화하고 성장했는지 짚어보는 것도 의미 있을 것 같습니다. 더불어 지금까지 가장 높은 인기를 얻는 서비스가 된 이유도 살펴보면 좋을 것 같습니다.

강정수 유튜브는 특정 동영상 서비스로 시작했지만, 이제 우리 현실 세계를 담는 수단이 되었습니다. 'TV'라는 고유명사처럼 쓰이고 있고, 전 세계 대다수 국가에서 일상생활의 필수 요소로 성장했죠.

그리고 유튜브를 통해 거대한 경제가 만들어졌어요. 이를 '창작자 경제'라고 할 수도 있지만, 엄밀하게 보면 '유튜브 경제'가 맞는 말입니다.

유튜브에는 수많은 광고주가 존재합니다. 크리에이터들은 자신의 콘텐츠에 광고를 붙여 수익을 배분받죠. 이용자의 경우 광고 없는 유튜브 콘텐츠를 보기 위해 유튜브 프리미엄 결제를 하고, 슈퍼챗으로 좋아하는 유튜버를 후원합니다. 이런 돈들이 유튜브 내에서 커다란 경제 시스템을 만들어내고 있습니다. 또 유튜브는 각각의 장르에서 수많은 스타를 탄생시키고 있어요.

김경달 유튜브가 거대한 광고 플랫폼이라는 걸 요즘 더욱 실감하게 되는 것 같습니다. 2021년 2분기에 유튜브의 모회사 알파벳은 사상 최대 순익을 냈습니다. 그 이유 중 하나가 유튜브 광고죠. 이런 요소부터 멤버십이나 다양한 상품을 통해 유튜브 경제 생태계를 만드는 것 같습니다.

강정수 유튜브가 여러 서비스의 장점을 차용하며 거대화하고 있는 유튜브를 통해 거대한 유튜브 경제가 만들어졌어요. 창작자 경제라고 할 수도 있지만, 엄밀하게 보면 유튜브 경제가 맞는 말입니다.

것도 특징입니다.

예를 들어 트위치라는 게임 라이브 스트리밍이 인기를 끌자 트위치의 여러 기능을 유튜브가 가져왔어요. 틱톡이 인기를 끌자 유튜브도 '쇼츠'를 만들었고요. 라이브 커머스가 증가하자 현재 라이브 커머스 기능을 강화하고 있어요. 매출 전환만 시켜주는 것이 아니라 플랫폼 내에서 결제하고 배송까지 결정할 수 있는 e커머스 플랫폼을 실험하고 있죠.

저는 유튜브가 슈퍼 앱이 되었다고 봅니다. 영상 소비만 장악한 것이 아니라 동영상 콘텐츠를 매개로 우리 생활을 장악하고 있고, 팬덤에 기초해 커머스까지 연결되는 식으로 영향력이 무척 커졌어요.

틱톡의 인기 핵심, 관심사 추천 알고리듬

김경달 유튜브와 더불어 요즘 빼놓을 수 없는 것이 틱톡입니다. 1~2년 사이에 눈에 띄게 성장했죠. 이에 대응해 유튜브에서도 쇼츠 서비스를 내놨고, 인스타그램의 '릴스' 등 숏폼 영상이 다변화하고 있습니다. 틱톡이 이렇게 강세를 보이는 이유는 무엇일까요?

강정수 숏폼의 매력이 입증된 거죠. 2021년 9월 글로벌 앱 분석업체 앱애니(App Annie)의 분석 결과를 보면, 영국과 미국에서 틱톡의 평균 시청 시간이 유튜브를 앞선다고 나왔어요. 팬데믹으로 동영상 소비가 급증한 것도 틱톡이 강세를 보이는 이유 중 하나죠.

틱톡이 인기를 끄는 건 단순히 숏폼이라는 특성뿐만 아니라 틱톡 알고리듬의 장점 때문입니다. 지금까지 소셜 미디어에서 콘텐츠 유통은 소셜 관계망 속에서 이뤄졌습니다. 내가 무엇을 구독할 것인가, 누구를 팔로(follow)했는가에 따라 콘텐츠가 추천되었지요. 그래서 유튜브에서 다양한 영상을 보려면 계속 구독을 누르며 채널을 찾아야 했어요.

그런데 틱톡은 관심사 그래프(interest graph)를 통해 동영상을 추천해줍니다. '네가 좋아하는 것에 맞춰서 콘텐츠를 보여줄게. 힘들게 팔로 안 해도 돼' 하는 식으로 팔로 없이도 콘텐츠를 추천하는 것이 틱톡의 특징입니다. 이렇게 관심사 기반 추천이 가능한 이유는 다른 플랫폼보다 동일 시간 동안 틱톡에서 소비할 수 있는 영상 수가 더 많기 때문이에요.

김경달 아무래도 틱톡의 영상 길이가 유튜브보다 짧기 때문에 같은 시간에 더 많은 영상을 보는 거겠지요.

틱톡은 관심사 그래프를 통해 동영상을 추천해줍니다. 이렇게 관심사 기반 추천이 가능한 이유는 같은 시간 틱톡에서 소비할 수 있는 영상 수가 더 많기 때문이에요. 틱톡 운영자 입장에서는 이를 통해 이용자의 취향을 좀 더 빨리 파악해 콘텐츠를 추천해줄 수 있죠.

강정수 유튜브 평균 시청 지속 시간은 5분에서 8분 사이입니다. 이 기준으로 1시간에 볼 수 있는 평균 동영상 수는 10개 정도 됩니다. 반면 틱톡에는 보통 15초에서 60초짜리 영상이 올라옵니다. 같은 시간에 최소 60개에서 240개 정도의 영상을 소비할 수 있는 거죠.

틱톡 운영자 입장에서는 이를 통해 이용자의 취향을 좀 더 빨리 파악하고 계속 테스트할 수 있고요. 현재 공개된 바로는 틱톡이 12개의 코호트(cohort, 특정 경험 특히 연령을 공유하는 사람들을 의미) 집단으로 이용자를 나누는 걸로 알려져 있습니다. 틱톡에서는 마치 〈해리포터〉에 나오는 마법 모자처럼 소비자가 즐겨 보는 영상을 파악하고, 이용자의 성향을 끊임없이 분석해 콘텐츠를 추천해줍니다.

이는 새롭게 도전하는 크리에이터에게도 새로운 가능성을 열어주었습니다. 팔로어가 많지 않아도 스타가 될 가능성이 존재합니다. 틱톡이 '네가 만든 영상과 관련된 것과 같은 부류의 사람들이 네 영상을 좋아하니 계속 노출해줄게' 하는 식으로 보여주기 때문이죠. 이용자 입장에서는 자신이 좋아하는 영상을 플랫폼이 알아서 선별해 뿌려주는 것이고요.

그러다 보니 팔로어가 100명인 틱토커라도 자신의 영상 하나가 추천 페이지에 뜨면 팔로어가 갑자기 10만 명이 될 수 있어요. 구독자가 많아지니 또 다른 콘텐츠도 안정적으로 추천받고요. 이렇게 신생 크리에이터가 스타가 될 수 있는 곳이 틱톡입니다.

반면 현재 유튜브는 이렇게 되기가 힘듭니다. 이제는 신생 크리에이터가 1만 명의 구독자를 만들기도 정말 어려워졌죠.

김경달 선점 효과가 생긴 거죠.

틱톡 콘텐츠의 재미, 15초 시간 제한이 만들어낸 기발함

강정수 그렇죠. 유튜브는 선점 효과로 신규 크리에이터가 진입하기 쉽지 않아요. 반면 틱톡은 완전히 공평한 것은 아니지만 그래도 새롭게 시작하는 사람에게 좀 더 많은 기회나 가능성이 있죠. 그러다 보니 많은 사람이 틱톡에서 도전하는 것 같아요.

성공 가능성을 현실화하기 위해 틱톡 크리에이터들은 15초 안에 재미있는 아이디어를 집약해야겠죠. 그 결과 더 재미있는 콘텐츠가 탄생하는 겁니다. 이런 현상이 결합하면서 숏폼이 더 매력적이게 된 것이고요.

틱톡처럼 숏폼 영상은 구성 요소도 매우 제한적일 수밖에 없어요. 그러다 보니 비포와 애프터의 핵심만 보여주는 것이 특징이죠. 나머지는 영상을 본 사람이 알아서 찾는 거거든요. 틱톡 영상을 보고 좀 더 관심이 생겼다면, 자세한 내용은 유튜브 영상을 찾아서 보면 돼요. 저는 틱톡이 유튜브와 공존하는 세상을 기획했다고 생각해요.

숏폼은 짧은 영상이기 때문에 웰메이드(well made) 영상보다는 기발한 아이디어나 최소한의 재료로 최대한의 효과를 내야 합니다. 예를 들면 버즈피드에서 만든 요리 채널인 〈테이스티(tasty.co)〉의 영상은 유튜브에서 많이 유통됐어요. 유튜브는 동영상 재생 시간이 길기 때문에 일류 요리사나 셰프가 맛깔나게 음식 만드는 모습을 보여줄 수 있기 때문이죠. 그런데 틱톡에서는 이게 안 먹혀요.

아무리 미쉐린 별을 받은 셰프라 하더라도 15초 내에 멋진 요리를 만들 수는 없잖아요. 만드는 과정도 그렇고, 재료도 많이 못 넣어요. 그러다 보니 틱톡 영상은 좀 더 창의적이고 기발할 수밖에 없는 거죠.

김경달 말씀하신 대로 틱톡에서는 많은 커머스 효과를 창출하는 것 같습니다. 예를 들면 '페타 파스타 레시피'라는 영상은 조회수가 1,500만이었습니다. 만드는 법이 정말 간단해요. 토마토에 페타 치즈를 넣고 녹인 다음 파스타를 넣고 비비면 끝이죠. 사실 이 레시피는 일류 셰프가 아니라도 누구나 할 수 있는 거잖아요. 이건 틱톡이 만들어내는 팬덤의 영상 스타일이 유튜브하고 다르다는 의미예요. 그런데 이 영상이 뜨고 미국에서 페타 치즈가 매진됐어요. 3개월 동안 제품이 없어 못 사는 사람이 많았죠.

강정수 유튜브 영상은 촬영 시 다수의 스태프와 조명이 필요하고 처음에는 데스크톱에서만 업로드할 수 있었어요. 나중에야 모바일에서도 업로드 가능하게 기능이 확장되었죠.

틱톡은 모바일로 찍고 모바일로 편집해서 올리는 것이 기본이에요. 아직까지 데스크톱에서는 업로드할 수 없어요. 이건 철저하게 모바일로 찍으라는 의미입니다.

틱톡처럼 숏폼 영상은 구성 요소도 매우 제한적일 수밖에 없어요. 그러다 보니 비포(before)와 에프터(after)의 핵심만 보여주는 것이 특징이죠. 자세한 내용은 얘기해주지 않아요. 나머지는 영상을 본 사람이 알아서 찾는 거거든요. 틱톡 영상을 보고 좀 더 관심이 생겼다면, 자세한 내용은 유튜브 영상을 찾아서 보면 돼요. 저는 틱톡이 유튜브와 공존하는 세상을 기획했다고 생각해요.

김경달 인상에 남는 짧은 영상을 틱톡에서 보고, 자세한 것은 유튜브에서 검색해 알아보는 식으로 공존하게 되는 것이군요.

Z세대에게 무엇을 구매할 것인가, 무엇을 살 것인가, 무엇을 읽을 것인가, 무엇에 울고 웃을 것인가에 대한 기준을 틱톡이 제공하는 중입니다. 이런 틱톡의 문화는 저도 사실 놀라울 정도예요. 이 현상을 유튜브나 페이스북, 인스타그램도 무시할 수 없기 때문에 아주 강력한 드라이브를 걸면서 숏폼을 확장하는 거라고 볼 수 있습니다.

강정수 많이 꾸밀 수 없으니 오히려 창의적인 영상이 나오고 영상의 문법을 바꾸더라는 거죠. 사람들이 틱톡의 장점으로 오센틱(authentic)하다는 말을 많이 해요. 진정성이 있고 진짜 같다는 거죠. 왜? 제한된 툴이다 보니 많이 꾸미거나 포토샵으로 속일 수 없기 때문이에요. 그걸 Z세대가 더 진정성이 있다고 판단한 것이고요.

틱톡 광고 중 '광고를 만들지 말고, 스토리를 전하세요'라는 카피가 있어요. 자극적이고 일반적인 광고를 올리지 말고, 친숙하고 개별화된 진정성 있는 콘텐츠를 만들라는 뜻이에요. 영상을 만들 때도 화려한 CG를 넣거나 보정을 하는 것이 아니라 최대한 실제 모습을 보여줄 수 있게 작업하라는 의미죠.

틱톡은 짧은 영상이기에 일어날 수밖에 없는 다양한 변화와 새로운 표현 형식을 문화적으로 만들어냈어요.

틱톡에서 전 세계적으로 인기 있는 해시태그 중 하나가 북톡(#booktok)입니다. 관련 태그 조회수가 무려 230억 뷰입니다. 자기가 감명받은 부분을 읽으면서 운다든지, 핵심 문장을 얘기하면서 웃는다든지 하는 영상이 올라오고 있어요. 그 해시태그의 영향력이 얼마나 큰가 하면, 미국의 반스앤드노블 서점에 북톡 코너가 있고, 10대들이 이 틱톡 영상을 보고 책을 구입하는 경우가 많아요. 그러다 보니 예전에 출판된 책을 역주행시키기도 하죠.

이 외에도 아마존에는 제품이 무척 많은데, 틱톡에서 아마존파인즈(#amazonfinds)라고 쳐보면 120억 뷰의 영상이 있어요. 이미 사람들은 아마존에서 무엇을 살 것인지도 틱톡을 보고 참고한다는 의미예요. 이렇게 숏폼 영상이 다양한 삶의 가이드가 되었어요. 그러면서 숏폼은 제품 구매에서도 강력한 플랫폼으로 떠올랐죠.

Z세대에게 무엇을 구매할 것인가, 무엇을 살 것인가, 무엇을 읽을 것인가, 무엇에 울고 웃을 것인가에 대한 기준을 틱톡이 제공하는 중입니다. 이런 틱톡 문화는 사실 놀라울 정도예요. 이 현상을 유튜브나 페이스북, 인스타그램도 무시할 수 없기 때문에 아주 강력한 드라이브를 걸면서 숏폼을 확장하는 거라고 볼 수 있습니다.

내게 딱 맞는 영상 추천, AI 머신러닝을 기반으로 한 추천 시스템

김경달 틱톡의 다양한 강점과 현재 틱톡이 불러일으키는 현상을 짚어주셨습니다. 틱톡 알고리듬의 특성이나 추천 시스템의 차별성은 다른 영상 서비스에도 확장될 가능성이 있는 듯합니다. 틱톡의 알고리듬에 대해서 좀 더 구체적으로 설명해주실 수 있을까요.

10년 전과 달리 AI 머신러닝이 진화하고 데이터 양이 많아지면서, 그리고 인간 심리에 대한 이해와 연구가 풍부해지면서 추천 기술도 고도화된 거죠. 이렇게 기술이 고도화되면서 AI가 추천해준 콘텐츠가 피드에서 제시해주는 콘텐츠보다 만족도가 더 높아졌습니다.

강정수 추천 알고리듬에서 우리가 살펴볼 것이 피드(feed)입니다. 페이스북은 전적으로 피드를 통해 콘텐츠를 추천해주고, 트위터나 인스타그램은 피드가 없었지만 나중에 피드로 전환되었죠. 유튜브는 100% 피드를 적용하지는 않았어요. 피드와 일부 직접 추천해주는 것이 섞여 있죠. 이런 식으로 지금까지는 피드가 이용자들이 콘텐츠를 소비할 때 가장 강력한 영향을 미치는 내비게이션이었습니다.

그런데 원래 우리가 생각하던 추천 기술이라는 건 사실 틱톡이 지금 사용하고 있는 AI 추천 기술입니다. 내가 원하는 것을 알아서 추천해주는 것이죠. 10년 전과 달리 AI 머신러닝이 진화하고 데이터 양이 많아지면서, 그리고 인간 심리에 대한 이해와 연구가 풍부해지면서 추천 기술도 고도화된 거죠. 이렇게 기술이 고도화되면서 AI가 추천해준 콘텐츠가 피드에서 제시해주는 콘텐츠보다 만족도가 더 높아졌습니다.

AI 추천 만족도가 높은 또 다른 이유는 자신의 영상 구독 성향을 다른 사람에게 공개하고 싶지 않은 사람이 많기 때문이기도 해요. 자신이 보는 영상이나 좋아요를 누르는 영상이 친구들에게 공개되기를 원하지 않는 사람들이 많아요. 반면 틱톡에서는 자신의 취향을 훨씬 더 솔직하게 드러낼 수 있어요. 팔로잉을 하지 않아도 내가 검색해서 본 영상을 기반으로 다른 영상을 추천해주기 때문이에요. 과거의 추천 기술이 1.0이라면 이제는 2.0, 3.0으로 진화하고 있어요. 데이터가 매우 풍부해졌는데 이전 솔루션으로 서비스를 하겠다는 것은 아예 서비스를 하지 않겠다는 뜻이라고 봐요.

김경달 그러네요. 훨씬 풍부해진 데이터에 컴퓨터 연산 능력도 훨씬 높아졌고, 그렇다면 AI 기술도 고도화되는 것이 마땅하죠.

강정수 2011년 스티브 잡스가 죽기 전에 만든 것이 아이폰4S입니다. 그리고 2021년 9월에 아이폰 13이 나왔죠. 이 둘의 컴퓨팅 파워 차이가 50배예요. 이용자들이 갖고 있는 컴퓨팅 파워도 지난 10년 사이에 50배 증가했는데, 기업의 컴퓨팅 능력은 더 증가했겠죠. 그러면 서비스도 당연히 50배에 준하는 진화를 이루어야 하는 겁니다. 추천 수준도 50배는 성장해야죠. 그런 부분에서 저는 틱톡이 특별하게 잘한다기보다는 틱톡처럼 AI 추천으로 가는 것이 기준이 되었다고 봅니다.

김경달 상당히 중요한 대목을 짚어주신 것 같습니다. 우리가 유튜브, 틱톡에서 또 하나 주목할 만한 부분은 크리에이터인 것 같습니다. 요즘 창작자 경제를 많이 이야기하고 있습니다.

페이스북의 마크 저커버그도 메타버스를 얘기하면서 "앞으로 메타버스 내에서도 창작자 경제가 활성화되면서 수익원으로 작용할 것"이라고 언급했습니다. 유튜브나 틱톡 등 플랫폼에서 창작자 경제가 어떤 방향으로 발전할 것인지 전망해보면 좋겠습니다.

강정수 저는 앞으로 10년 동안 계속 이슈가 될 것이 창작자 경제라고 생각합니다. 창작자 경제는 이제 막 시작됐다는 생각이 들고요. 창작자 경제의 1.0은 흔히 말하는 인플루언서 마케팅이라고 할 수 있습니다.

인플루언서 마케팅에서는 팔로어가 많은 인플루언서가 PPL을 통해 제품을 홍보하고 수익을 얻었습니다. 하지만 앞으로는 팬들과 직접 구독 관계를 맺거나 직접 자신의 브랜드를 만들어 커머스로 발전시키는 방향으로 확장될 것으로 보입니다.

현재 구독 시장이 매우 커지고 있는데, 크리에이터들이 과거에는 광고 수익만 얻었다면 요즘엔 구독자들에게 직접 유료 후원을 받아

영상을 만들거나 구독자만을 위한 영상을 올리기도 하죠.

예를 들면 〈삼프로TV〉도 유튜브에서 주식 정보를 알려줬어요. 그런데 유튜브 영상으로 얻는 수익 외에도 고가 상품을 만들기 위한 고민을 했고, 이제는 좀 더 심도 깊은 강의를 들을 수 있는 앱을 만들어 더 많은 서비스를 제공하고 있죠.

이전까지는 구독자나 팬과 유튜브에서만 거래했다면 이제는 유튜브 외부에서도 팬과 커뮤니케이션하면서 돈을 벌 수 있는 수단을 만든 것입니다. 저는 이 부분이 창작자 경제를 아주 강력하게 성장 및 확산시키는 매개체가 될 것이라고 봅니다.

김경달 제가 운영하는 씨로켓이나 강 박사님이 운영하는 Exciting f(x)도 구독을 통해 충성 고객을 확장시키는 미디어들이죠. 그런데 창작자 경제의 성장은 향후 어떻게 전개될까요?

강정수 네, 저는 창작자들이 직접적으로 커머스를 장악하기 시작했다는 점을 주목해야 한다고 생각합니다. 이전까지 창작자들은 커머스를 간접적으로 지원하고 후원하기만 했죠. 그런데 광고 시장과 커머스 시장을 비교하면, 커머스 시장이 비교할 수 없을 정도로 훨씬 크잖아요. 이 리테일 시장을 키우기 위해 광고를 하는 것이고요. 여기서 창작자는 간접적인 지원자 역할을 했어요. 자신의 영상에 광고를 태워 유튜브와 광고 수익을 나누거나, 제품 PPL을 통해 광고비를 받거나 했죠.

하지만 내가 직접 제품을 만들어 커머스에 진출한다면? 이렇게 되면 예상할 수 있는 수익의 규모가 완전히 달라지는 거죠. e커머스 스타트업을 만들기 위해 좋은 제품을 고민하는 것도 중요하지만, 요즘 해외에서는 아예 '나는 유튜브나 틱톡의 인플루언서가 돼서 e커머스 스타트업을 만들겠어'라는 경로도 생기고 있어요. 그러니까 e커머스 스타트업 창업을 위해 먼저 해야 할 것은 유튜브나 틱톡에서 콘텐츠를 만드는 것이 될 수 있다는 거죠.

요즘 해외에서는 아예 '나는 유튜브나 틱톡의 인플루언서가 돼서 e커머스 스타트업을 만들겠어'라는 경로도 생기고 있어요. 그러니까 e커머스 스타트업 창업을 위해 먼저 해야 할 것은 유튜브나 틱톡에서 콘텐츠를 만드는 것이 될 수 있다는 거죠.

이렇게 크리에이터들이 구독자와의 직접적인 커머스, 그리고 리테일 시장 전체와 연관성을 가지면서 발생하는 경제 규모가 엄청나게 커졌어요. 커머스를 통해 돈을 버는 창작자가 계속 쏟아질 것입니다.

유튜브에서 가장 많은 수익을 얻고 있는 〈라이언 토이즈 리뷰〉의 라이언은 라이언스 월드(Ryan's World)라는 브랜드를 론칭해 월마트, 아마존에서 직접 판매하며 더 큰 수익을 얻고 있어요. 영상에서 얻는 광고 수익과 자신이 직접 장난감 회사를 만들어 얻는 수익이 어떻게 비교가 되겠어요. 이렇게 창작자 중 광고보다 더 큰 커머스 사이즈로 성장하는 스타가 많아질 것이라고 생각합니다.

그렇기 때문에 창작자 경제는 이제 시작 단계이고 앞으로 10년 동안은 더욱더 커질 것이라고 봅니다.

김경달 창작자 경제에 대해 발전적이고 긍정적인 전망을 해주셨습니다. 그러면 이런 창작자 경제와 더불어 함께 발전할 만한 것은 어떤 분야일까요?

강정수 이제 누구나 제품을 만들 수 있어요. 레시피나 제품 개발부터 패키지, 브랜딩, 상품화, 결제, 배송까지 모두 담당할 수 있는 여러 분야의 브랜드 전문 회사가 많거든요. 역으로 이런 기업이 인플루언서를 직접 섭외하는 경우도 많아요.

이제 백종원 같은 브랜드 있는 창작자가 계속 나올 거예요. 전문가들이 붙어서 시스템을 갖추고 규모의 경제로 제품을 직접 판매하는 것이죠. 광고 매출은 아예 신경 쓰지 않고, 함께 제품을 만들어 판매해 수익을 배분하는 것입니다. 그런데 이런 기술 기업, 네트워크 기업에 소프트뱅크 등에서 투자하기 시작했습니다. 그만큼 시장의 가능성을 본 것이죠.

김경달 영상 플랫폼과 창작자 경제에 대해 이야기해보았습니다. 이제 메타버스에 대해서도 이야기를 해보겠습니다. 페이스북이 '메타버스 기업'으로 새롭게 비전을 선포하고 회사 이름도 바꾸면서 가장 공격적인 행보를 보이고 있습니다. 매년 10억 달러가량 투자하고 있다는 분석도 나왔고요. 그러면서 메타버스에서 창작자의 수익 모델을 발굴하겠다고도 했죠.

메타버스는 미디어 지형도에서 각 플랫폼이 관심을 갖고 영향받을 수 있는 어젠다 같습니다. 그런데 이게 실제로 영향을 미칠지, 아니면 마케팅성 구호로만 그칠지 논란도 있습니다. 어떻게 생각하시는지요?

강정수 물론 마케팅적 요소도 있죠. 그런데 마케팅적 요소가 무조건 나쁜 건 아닙니다. 그렇게 해서 돈이 모여야 투자자가 모이고 메타버스에서 변화라든지 진화라든지 혁신이 이루어질 수 있기 때문에 저는 마케팅적 요소로 활용하는 것을 나쁘다고 보진 않습니다.

그런데 혁신을 한다고 해도 뭔가 매개가 있어야 하지 않습니까? 저는 메타버스에서의 화상회의 가상 회의 같은 것이 과연 수익을 창출해줄 것인지, 또 창작자 경제라고 해도 보통 아이템이나 스킨을 파는 것인데 그게 어느 정도 규모가 될 것인지 의심이 들어요.

오히려 메타버스에서 진행하는 온라인 콘서트 등에 막대한 돈이 흘러들 수 있을 것 같습니다. 포트나이트 게임에서도 그랜드 아레나를 설치해 정기 공연을 열기 시작했습니다. 입장 티켓을 판매하면서 수익을 얻는 거죠.

한 분야의 비즈니스가 성장하기 위해서는 플랫폼 안에서 돈이 돌아야 합니다. 이를 보고 창작자가 들어오고, 콘텐츠가 풍부해지고, 기업의 자본이 풍부해지면서 기술 투자를 통해 다음 단계로 발전해가야 합니다. 그런데 메타버스에서는 짜장면이나 피자, 치킨을 시켜 먹는다고 상상하기 어려워요. 배달의민족이나 쿠팡이츠가 훨씬 편하니까요.

다만, 음악 콘서트나 스타와의 팬 미팅 같은 것은 가능성이 있다고 봅니다. 메타버스의 장점은 온라인 공연장처럼 나하고 관심과 취향이 같은 사람들과 한 공간에서 함께한다는 것을 실감 나게 느낀다는 점이잖아요. 친구도 만날 수 있고, 해외 팬들과 사귈 수도 있고요.

김경달 아직까지 메타버스의 수익 모델은 한계가 있다고 보시는군요.

강정수 저는 앞으로 메타버스가 성장할 것이라고 봅니다. 다만 메타버스 서비스는 유튜브나 틱톡의 역할을 참고해야 합니다. 우리가 영화 〈마이너리티 리포트〉처럼 증강 화면을 슥슥슥 넘기는 체험 때문에 유튜브나 틱톡 영상을 보는 게 아니잖아요. 유튜브나 틱톡을 통해 우리는 무엇을 먹고 무엇을 사고 어디로 여행을 갈지, 어떤 스타일로 말해야 할지, 친구들과 무슨 대화를 할지 등 자신의 문화적 정체성을 배우고 만들어내고 있어요. 유튜브나 틱톡 모두 러닝 플랫폼(learning platform) 역할을 하면서 지식을 전달하는 기능을 하고 있죠.

메타버스가 강력한 힘을 얻기 위해서는 이와 같은 역할을 해야 하는데, 이는 아직 풀어야 할 숙제입니다. 당분간 메타버스 서비스와 유튜브나 틱톡 서비스는 공존할 것으로 보입니다. 이 공존이 언제쯤 깨질지 1~2년 안에 판가름하기는 어렵다고 봅니다.

아이폰이 막 나왔을 때는 플랫폼을 제대로 갖추지 않아서 할 수 있는 것들이 많지 않았습니다. 메타버스도 이제 막 나온 아이폰 수준이거든요. 걸음마 단계라는 거죠. 그래서 메타버스의 가능성을 부정할 수도 없고, 부정해서도 안 되는 거고요. 무한하게 성장할 수 있어요. 성장

저는 앞으로 메타버스가 성장할 것이라고 봅니다. 다만 메타버스 서비스는 유튜브나 틱톡의 역할을 참고해야 합니다. 유튜브나 틱톡 모두 러닝 플랫폼(learning platform) 역할을 하면서 지식을 전달하는 기능을 하고 있죠. 메타버스가 강력한 힘을 얻기 위해서는 이와 같은 역할을 해야 하는데, 이는 아직 풀어야 할 숙제입니다.

하기도 전에 단기적 이슈로 예측하거나 접근하는 것은 곤란하다고 생각합니다.

김경달 그렇다면 기업이나 공공 기관에서는 메타버스를 어떻게 활용하는 게 좋을까요?

강정수 기업과 공공 기관에서는 고객이나 국민에게 메시지를 전달하기 위해 온라인 커뮤니케이션을 활용하고 있습니다. 상당히 난감한 것이, 페이스북을 중심으로 메시징에 주력하다 보니 알고리듬이 변화하면서 도달률이 떨어지고, 유튜브의 영향력이 강해지니 유튜브 커뮤니케이션을 고민할 수밖에 없는 상황이 되었어요. 여기에 예산을 쓰는데 또 갑자기 메타버스 이야기가 나오고 있는 거죠. 이런 상황에서는 고민이 깊어질 수밖에 없습니다. 소통 전략이나 방향성을 어떻게 잡아야 할지 말이에요.

우선 메타버스에서 홍보를 하면 기술을 선도하는 기업이라는 이미지를 만들 수 있다는 것이 장점입니다. 이건 분명 홍보에 플러스 요인이거든요. 요즘 기업에서 메타버스 플랫폼 행사를 많이 하는데, 이런 시도는 나쁘지 않고 적극적으로 권할 만하다고 봅니다.

게다가 이런 활동으로 기업 내부에서도 기술이나 서비스에 대한 이해가 높아진다는 장점 또한 있습니다. 예를 들어 HR 부서에서 막내의 아바타만 제대로 단장되어 있고, 부장과 과장 아바타는 알몸이라면 얼마나 창피하겠어요. 이런 시도가 주는 영향은 분명 존재합니다.

메타버스에서 홍보를 하면 기술을 선도하는 기업이라는 이미지를 만들 수 있다는 것이 장점입니다. 이건 분명 홍보에 플러스 요인이거든요. 요즘 기업에서 메타버스 플랫폼 행사를 많이 하는데, 이런 시도는 나쁘지 않고 적극적으로 권할 만하다고 봅니다.

그다음 메타버스를 활용하다 보면 ROI(Return On investment)를 측정해야 하는 시기가 옵니다. 페이스북과 인스타그램, 유튜브, 틱톡 등은 모두 분석 도구가 있잖아요. 이런 정확한 분석 도구가 없다면 기업이 메타버스 플랫폼을 활용하는 데 한계가 있다고 봅니다. 이벤트 채널로 활용할 수 있지만, 지속적인 홍보 채널로 활용하기는 힘들죠. 기업엔 기회비용라는 것이 있으니까요. 홍보나 광고 효율성이 좋아야 지속적으로 활용할 수 있죠.

김경달 어쩔 수 없이 이런 트렌드에 촉각을 세워 열심히 공부하고 따라잡아야겠네요. 이제 마지막으로 유튜브에서의 알고리듬 이슈를 함께 이야기해보면 좋을 것 같습니다.

유튜브에서는 허위 정보, 조작된 정보, 과장된 정보, 왜곡된 정보가 선정적으로 유통되곤 합니다. 이것이 사회문제가 되고 있습니다. 비단 한국의 문제만이 아니라 글로벌한 이슈이죠. 유튜브의 알고리듬 문제에 대한 개선책은 어떻게 모색해야 할지 이야기해봤으면 합니다.

강정수 이 부분은 콘텐츠 모더레이션(moderation) 영역입니다. 플랫폼은 어떻게 보면 사회자라고 볼 수 있어요. 모더레이터(moderator) 역할을 통해 어떤 사람의 발언을 줄일까, 어떤 시각의 발언을 늘릴까 판단하게 됩니다. 이렇게 가치 판단의 영향이 포함되다 보니 어려운 점이 많습니다.

얼마 전 독일 총리 선거 때 유튜브에 총리 후보에 대한 가짜 정보나 거짓 정보를 담은 영상이 많이 올라왔어요. 물론 유튜브에서 그런 동영상을 걸러내긴 하지만, 수많은 정보를 어떻게 다 걸러내겠어요? 쉽지 않습니다. 그러다 보니 신뢰를 얻지 못하는 것이죠.

지금 콘텐츠 모더레이션의 가장 큰 문제는 신뢰성이에요. 정말 진정성을 갖고 걸러내고 있는가. 그걸 못 해서 욕을 먹고 있는 대표적인 곳이 페이스북이죠.

물론 페이스북에서는 억울한 점도 있을 거예요. 90까지 잘하고 10을 잘못한 것인데, 우리가 90까지 한 노력도 봐달라는 심정일 거예요. 하지만 페이스북의 경우 신뢰보다는 불신이 계속 커지고 있죠.

김경달 맞습니다. 2021년 하반기에 내부 고발자의 폭로와 함께 〈월스트리트저널〉이 'Facebook Files'란 이름으로 특종 보도를 연재하면서 큰 파문이 일었죠. 청문회도 열렸고요. 노벨 평화상을 받은 필리핀 저널리스트 마리아 레사의 스토리 가운데에도 마크 저커버그에 대한 부정적 장면이 등장해서 페이스북이 곤혹스러워했고요(필리핀에서 페이스북을 통한 허위·조작 정보의 유통이 많아 마리아 레사가 페이스북의 마크 저커버그에게 연락해 문제를 제기했는데 그가 농담조로 대응한 일).

마리아 레사는 수상 소감으로 "페이스북은 증오와 허위 정보가 확산하는 것을 막지 못하고, 사실에 반하는 편향성을 지니고 있다"고 말하며 "민주주의를 위협한다"고 강도 높게 비판하기도 했습니다.

플랫폼은 어떻게 보면 사회자라고 볼 수 있어요. 모더레이터(moderator) 역할을 통해 어떤 사람의 발언을 줄일까, 어떤 시각의 발언을 늘릴까 판단하게 됩니다. 이렇게 가치 판단의 영향이 포함되다 보니 어려운 점이 많습니다. 지금 콘텐츠 모더레이션의 가장 큰 문제는 신뢰성이에요. 정말 진정성을 갖고 걸러내고 있는가.

강정수 그렇죠. 페이스북의 영향력이 큰 곳이 동남아시아잖아요. 그런데 태국, 미얀마 같은 나라에서는 군부가 페이스북을 악용해 선량한 시민을 체포하고 있어요. 예를 들어 시위가 일어나지 않았는데, 거짓으로 시위를 한다고 홍보해 거기 모인 시민을 모두 체포하는 식이에요.

이런 모더레이션 문제가 각 나라에 있어요. 제 개인적으로 항의한 경험도 있습니다. 문제는 이런 문제를 담당하는 부서가 미국에 있다는 점이에요. 연락이 제때 되지 않다 보니 불신이 더 깊어지는 것이죠.

김경달 앞서 언급한 내부 고발자의 폭로 중에는 자체 연구를 통해 유해성을 예방할 대책을 모색했으면서도 제대로 실행하지 않았다는 내용도 있었죠. 페이스북과 마크 주커버그는 계속 곤혼스러운 상황을 맞고 있습니다. 이 문제의 개선은 어떤 방향으로 이뤄질 수 있을까요?

강정수 글로벌 서비스라면 각 나라의 특성에 맞는 콘텐츠 모더레이션을 해야 합니다. 이것을 본사에서만 해결하는 것이 아니라 각 나라에서 해결할 수 있도록 노력해야 한다고 생각해요. 그러려면 당연히 적지 않은 비용과 노력이 필요하죠.

마찬가지로 유튜브도 콘텐츠 모더레이션 담당자가 각 나라에 있어야 한다고 봅니다. 각국의 문화를 이해해가면서 콘텐츠 모더레이션에 대한 기준과 모형을 만들어야 합니다. 다만 어디까지 표현의 자유로 볼 것인지, 각국의 특성을 어디까지 적용해야 하는지는 어려운 과제겠죠.

사실 페이스북이나 유튜브, 틱톡이 '우리가 세상을 망쳐버려야지'라고 마음먹어서 잘못된 알고리듬이나 콘텐츠 모더레이션의 문제가 생긴 것은 아니라고 생각해요. 분명 노력을 했겠죠. 문제는 유튜브나 틱톡에서 사람들이 이렇게까지 많은 목소리를 낼지 예측하지 못하고

사실 페이스북이나 유튜브, 틱톡이 '우리가 세상을 망쳐버려야지'라고 마음먹어서 이렇게 잘못된 알고리듬이나 콘텐츠 모더레이션의 문제가 생긴 것은 아니라고 생각해요. 분명 노력을 했겠죠. 문제는 유튜브나 틱톡에서 사람들이 이렇게까지 많은 목소리를 낼지 예측하지 못하고 거기에 적절하게 투자하지 못했다는 생각이 들어요.

거기에 적절하게 투자하지 못했다는 생각이 들어요.

광고 클릭률을 높이기 위해 심리학자까지 동원해 수십억 달러를 쓴 만큼 콘텐츠 모더레이션에 비용을 투자하지는 않았거든요. 저는 이 분야에 대단히 큰 규모의 증액이 필요하다고 말하고 싶습니다

콘텐츠 모더레이션 담당자도 얼마나 고통스럽겠어요. 매일 이상한 댓글이나 영상을 보면서 걸러내야 하잖아요. 당연히 심리 치료도 받아야 하고, 이들의 성과와 보상도 잘 설계해야 합니다.

전 세계적으로 유튜브나 페이스북의 모더레이션 담당자들이 조기에 퇴사한다고 해요. 미국 국방부에는 다크웹에서 콘텐츠만 보고 걸러내는 직책이 있다고 합니다. 그런데 그 종사자들이 1년을 못 견딘다는 거예요. 하루 종일 다크웹만 봐야 하는데, 그게 폭력성이 엄청 강하잖아요. 그걸 보고 걸러야 한다는 건 무척 힘든 일이거든요.

그렇다고 알고리듬으로, 기계적으로 걸러내는 건 한계가 있죠. 결국 사람이 적극적으로 결합해서 걸러내야 하는데, 이 부분에서는 기업도

투자를 많이 하고 정부에서도 연구 지원 등을 통해 함께 해결책을 모색해야 할 것 같습니다.

콘텐츠 모더레이션의 문제는 인류가 쉽게 풀 수 없는 숙제이기 때문에 공적 투여가 필요하다고 봅니다.

김경달 기본적으로 유튜브 알고리듬과 관련한 문제는 지금까지 해결의 실마리가 크게 보이는 것같진 않습니다. 상업적 이해관계가 알고리듬에 투영돼 있고, 플랫폼 사업자 입장에서는 불가피한 부분도 있다 보니 이게 단박에 쉽게 해결되기는 어렵겠다는 말씀을 해주셨고요.

콘텐츠 모더레이션은 상당히 어려운 영역이어서 공적인 지원을 포함해 사회적으로 함께 노력해야 합니다. 그래서 플랫폼 사업자로서 영향력이 커진 유튜브가 전향적인 자세를 취해야 한다고 봅니다.

2022년에는 우리가 함께 이야기한 문제와 고민이 좀 더 발전적인 방향으로 해결됐으면 좋겠습니다. 지금까지 좋은 말씀 감사합니다.

기업은 유튜브에서 어떻게 살아남아야 할까?

김경달　안녕하세요, 반갑습니다.

김남훈　안녕하세요. 영상 콘텐츠 제작사 훈픽처스 대표를 맡고 있는 김남훈입니다.

김경달　김남훈 대표님은 광고 회사에서도 일해보셨고, 제작사를 만든 뒤 기업과 공공 기관의 영상 제작 및 유튜브 전략 운영 컨설팅 등 다양한 업무를 진행하고 계십니다. 기업과 공공 기관의 유튜브 운영과 관련한 인사이트를 나눠보고자 모시게 되었습니다. 우선 김 대표님은 유튜브에 대해 어떻게 생각하시는지 말씀을 듣고 싶습니다.

김남훈 유튜브는 남녀노소에 큰 영향을 미치는 중요한 플랫폼이 된 것 같습니다. 그리고 유튜브에 매우 다양하고 많은 영상이 축적되면서 온갖 영상이 모인 콘텐츠 통합 플랫폼으로 발달했다고 봅니다. 사람들이 궁금해하며 찾는 콘텐츠를 모두 갖춘 플랫폼이 되었죠.

유튜브 초기엔 방송을 따라 하는 영상이 많았다면, 지금은 생활과 밀착된 콘텐츠가 다양해졌습니다. '와, 이런 노하우를 알려주는 영상이 다 있나' 싶을 정도로 기발한 아이디어가 담긴 영상도 많습니다.

또 영상이 워낙 많다 보니 각 개인에 맞는 영상을 알고리듬으로 최적화해서 보여줍니다. 제가 가르치는 대학생들에게 재미있게 보는 유튜브 채널을 발표하라고 했는데, 같은 나이와 같은 지역에 사는 학력 수준이 비슷한 학생들임에도 하나도 겹치지 않는 거예요. 그만큼 유튜브에 다양한 콘텐츠가 있는 것이죠.

김경달 그렇군요. 기업 홍보 마케팅 담당자 입장에서 보면 지금까지 포털이나 페이스북에서 다양한 콘텐츠를 생산하면서 기업의 메시지를 전달했습니다. 그런데 이제 유튜브도 활용해야 하는 상황으로 접어든 것 같습니다. 주변에는 "유튜브를 꼭 해야 하나? 왜 해야 되는 거지?" 같은 질문을 하는 분도 있습니다. 어떻게 생각하세요?

김남훈 저는 당연히 유튜브를 해야 된다고 말씀드립니다. 전 세계 인구가 유튜브에 체류하는 시간이 무척 깁니다. 장시간 체류하게 만드는 것은 동영상 커뮤니케이션의 특징이기도 하고. 이미 2019년부터 모바일 광고비가 전체 방송 광고비를 역전한 것에서 알 수 있듯 많은 사람이 유튜브를 사용하고 있거든요.

또 영상 매체를 조금 더 친숙하게 받아들이는 세대가 늘어난다는 것도 키포인트가 될 수 있을 것 같습니다. 지금 젊은 세대는 영상으로 보고 이해하는 데 더 친숙해요. 비주얼 리터러시가 더 강하죠. 인스타그램에서는 사진으로, 유튜브에서는 동영상으로 커뮤니케이션하고, 틱톡에서는 짧고 감각적인 영상으로 커뮤니케이션하고요.

기업 유튜브 운영 전략, 토털 커뮤니케이션 전략으로 운영 필요

김경달 고객들이 유튜브에서 많은 시간과 콘텐츠를 소비하고 있으니 기업이 그곳에서 홍보 마케팅을 펼치는 것은 당연한 수순이겠네요. 기업이 유튜브 채널을 잘 만들고 운영하려면 고려해야 할 것이 많을 텐데 먼저 목표를 어떻게 설정해야 하는지 궁금합니다.

전략을 짤 때는 첫째 '키 메시지는 무엇인가', 둘째 '누구를 대상으로 할 것인가', 셋째 '어떤 정보를 어떻게 줄 것인가'에 대한 기획이 제대로 나와야 합니다. 또 연간 운영 계획표를 만들어 큰 흐름을 보면서 운영하는 것이 필요합니다.

김남훈 기업이나 기관에서는 연말, 연초에 연간 홍보 전략이나 마케팅 커뮤니케이션 전략을 짭니다. 이때 유튜브의 전략도 같이 짜야겠죠. 전략을 짤 때는 첫째 '키 메시지는 무엇인가', 둘째 '누구를 대상으로 할 것인가', 셋째 '어떤 정보를 어떻게 줄 것인가'에 대한 기획이 제대로 나와야 합니다. 또 연간 운영 계획표를 만들어 큰 흐름을 보면서 운영하는 것이 필요합니다.

김경달 마치 방송국에서 편성 계획, 제작 계획을 짜는 것처럼 전체 운영 계획을 잡는 게 중요하다는 말씀이군요.

김남훈 유튜브를 운영하는 기업이나 공공 단체에서 "검색이 잘 안 된다", 혹은 "조회수가 낮다" 등의 얘기를 많이 합니다. 사실 사람들이 지자체나 공공 단체 정보를 알아보기 위해서 유튜브를 찾아보지는 않잖아요. 유튜브 채널은 단순히 채널의 조회수만으로 효과를 보려고 하기보다는 다양한 홍보 콘텐츠를 극대화하는 방향으로 운영해야 합니다. 예를 들어 네이버에서 제공하는 블로그와 네이버TV 등 서비스에 영상을 올리거나 홈페이지에 유튜브 링크를 넣거나, 보도 자료를 배포할 때도 함께 유튜브 링크를 제공하면 효과가 극대화되죠. 신문에서 읽은 기사를 동영상으로 훨씬 더 자세하게 알려줄 수 있거든요. 이런 식으로 토털 커뮤니케이션 전략 아래 유튜브를 활용하고 운영하는 것이 중요하다고 생각합니다.

정보가 잘 담긴 영상을 꾸준히 아카이빙하는 것이 중요

김경달 통합적인 전략으로 유튜브를 운영해야 한다. 좋은 지적입니다. 전략을 세운 후 기업이나 공공 기관은 직접 운영하면서 유튜브 콘텐츠를 어떻게 만들어야 할지 고민을 많이 하게 되죠. 재미있게 만들어야 한다는 생각을 많이 하는 것 같습니다. 대중에게 관심을 끌려면요.

김남훈 저도 PD 생활을 꽤 오래 했습니다. 재미와 정보가 잘 어우러진 콘텐츠를 만든다는 것은 정말 어려운 일입니다. 특히 공공 기관이나 기업은 홍보나 마케팅 목표가 있잖아요. 물건을 많이 팔아야 한다든지 좋은 이미지를 심어야 한다든지. 그런데 거기에 콘텐츠가 사람들 사이에서 이슈가 되어야 하고, 메시지도 주고, 재미까지 포함하려면 너무 어려운 작업이 되는 거예요.

기업이나 공공 기관의 경우 재미와 정보를 동시에 잡기 힘들 때는 우선 정보를 잘 아카이빙하는 것이 중요하다고 생각해요. 정보가 잘 구성된 영상을 유튜브를 비롯한 다양한 플랫폼에 꾸준히 올리면, 개인적으로 필요한 정보가 있는 사람들에게 주목받으며 영상이 노출될 확률도 높아집니다.

KPI(Key Perfomance Indicator)를 잡을 때는 콘텐츠가 목적에 맞춰 어느 정도 효과를 얻었는지 평가하는 부분이 포함되는데, 이슈가 되는 것과 좋은 이미지를 갖는 것, 기억에 남는 건 기준이 아예 다르거든요. 각각의 중점 목표에 따라 만들어야 하는 콘텐츠가 달라집니다. 이것을 영상 하나에 다 담겠다는 것은 그야말로 욕심이죠.

기업이나 공공 기관의 경우 재미와 정보를 동시에 잡기 힘들 때는 우선 정보를 잘 아카이빙하는 것이 중요하다고 생각해요. 유튜브를 직업 운영해보면 바로 알 수 있지만, 동영상 몇 개 올린다고 바로 검색되는 건 아니거든요.

정보가 잘 구성된 영상을 유튜브를 비롯한 다양한 플랫폼에 꾸준히 올리면, 개인적으로 필요한 정보가 있는 사람들에게 주목받으며 영상이 노출될 확률도 높아집니다.

김경달 어설프게 재미를 추구하다 이상한 길로 새는 것보다는 알찬 정보로 차곡차곡 아카이빙해나가는 것이 중요하다는 말씀이군요.

김남훈 정보가 필요한 사람들은 스스로 찾아봅니다. 예를 들어 공공 기관 홈페이지라면 거기서 알고 싶은 정보를 클릭해 유튜브 채널로 넘어가는 방법도 있거든요. 유튜브만 독립적으로 키우는 것은 많은 비용과 시간이 필요한 작업이라고 생각합니다.

구독자와 상호작용할 수 있는 영상 콘텐츠를 만들어야

김경달 말씀을 듣고 보니 KPI를 잡을 때 조회수 같은 정량적 지표가 절대적인 것은 아니라는 생각이 듭니다. 오히려 진정성 있는 정보를 통해 사람들과 어떻게 소통할지 고민하는 것이 필요한 듯하네요. 그렇다면 좋은 정보, 양질의 정보라는 것은 어떤 것일지 궁금해집니다.

김남훈 좋은 정보의 기준은 '자신에게 필요한 정보인가 여부' 아닐까요? 그 정보가 필요한 사람은 반드시 있거든요. 다만 그냥 기다리기보다는 좀 더 능동적인 유입 전략이 필요할 것 같습니다. 가장 쉬운 방법은 유튜브 광고죠.

냉정하게 보면 알파벳이 유튜브를 운영하는 이유가 돈을 벌기 위해서잖아요. 엄청난 양의 데이터 트래픽을 안전하게 운영하기 위한 제반 시스템을 만든 것도 다 그런 이유 때문이고요. 그러니 당연히 광고를 하는 콘텐츠가 더 잘 보이는 알고리듬을 만들어두었을 겁니다.

그런데 영상이 광고 없이 노출되는 것도 중요하잖아요. 이를 위한 핵심은 팬, 구독자라고 생각합니다. 많은 유튜브 영상에서 구독과 좋아요, 알림 설정을 부탁합니다. 그런데 구독과 좋아요는 눌러도 알림 설정은 잘 안 해요. 왜냐하면 계속 알림이 뜨는 것을 불편해하기 때문이죠. 관심이 없으면 더더욱 그렇겠죠? 따라서 구독자와의 관계를 얼마나 잘 만드느냐가 핵심입니다. 구독자와 댓글이나 커뮤니티 탭으로 소통하고, 라이브를 하면서 소통하면 조회수나 구독자도 더 늘어날 것입니다.

한 가지 더, 조회수를 늘리기 위한 유입 전략에서 저는 기관이나 기업만의 킬러 콘텐츠가 가장 필요하다고 생각해요. 그런데 많은 곳에서 흉내 내기에 급급하죠. 예를 들어 〈좋좋소〉가 유행하니 제게 드라마를 제작하고 싶다는 연락이 무척 많이 왔어요. 하지만 고민 없이 무작정 만든다면 이건 그냥 따라 하는 거라 큰 실익이 없다고 봅니다. 다음에 이 채널을 꼭 봐야겠다는 생각은 안 들거든요.

실제로 이용자들은 콘텐츠의 질이 좋아야 구독을 누릅니다. 내 마음에 들거나 내게 도움이 될 것 같거나. 지금 당장 보진 않아도 나중에 도움이 될 것 같다고 생각하면 구독을 누르죠. 그렇기 때문에 본질적으로 우리 기업, 기관만의 킬러 콘텐츠를 잘 만드는 것이 중요합니다.

유튜브는 영상으로 소통하고 커뮤니티를 만들기 위한 플랫폼이잖아요. 보통 정량 지표로는 구독자수, 조회수를 우선적으로 봅니다. 저는 그것도 중요하지만, 더 중요한 것이 지속적인 댓글수라고 생각합니다. 구독자와 상호작용하고 관련성을 높이는 것이 중요하죠.

김경달 이용자가 확실히 좋아할 만한 콘텐츠를 만드는 것이 필요하군요. 그런데 유튜브를 운영하다 보면 정량적 지표에 대해서도 고민을 안 할 수가 없잖아요. 상당히 예민하게 생각하는 대목이기도 한데, 정량적 지표는 어떻게 체크해야 할까요?

김남훈 유튜브는 영상으로 소통하고 커뮤니티를 만들기 위한 플랫폼이잖아요. 자체 평가를 하거나 홍보를 위한 플랫폼은 아닌데, 기업이나 단체에서 이것을 특정 목적을 위해 활용하는 것이고요. 보통 정량 지표로는 구독자수, 조회수를 우선적으로 봅니다. 저는 그것도 중요하지만, 더 중요한 것이 지속적인 댓글수라고 생각합니다. 구독자와 상호작용하고 관련성을 높이는 것이 중요하죠.

기업이나 공공 채널 중에는 구독자수가 엄청 많은데 막상 라이브를 하면 굉장히 적은 수가 들어오거나, 영상별 조회수가 무척 적은 경우가 있어요. 이건 실제 상호작용이 잘 일어나지 않는다는 것을 의미합니다.

김경달 맞습니다. 구독자도 많고 영상 몇 개는 조회수가 몇백만 회나 나오는 채널이 다른 영상에서는 조회수가 몇십 회밖에 안 나오는 경우도 있습니다. 광고로 만들어낸 지표인 경우가 많은 거죠.

김남훈 광고를 한다고 뭐라고 할 것은 아닌 것 같아요. 당연히 광고비를 써야 하는 플랫폼이니 잘 활용하는 것은 필요하다고 봅니다. 다만, 그러면서 커뮤니티도 잘 키워야 하죠. 광고나 이벤트로 댓글 한두 개는 쓸 수 있지만, 지속적으로 상호 소통을 하기는 쉽지 않습니다. 이런 댓글이나 상호작용 또한 평가 기준으로 추가하는 것이 필요하다고 생각합니다. 이 외에 콘텐츠 시청 지속 시간도 중요합니다. 콘텐츠에 얼마나 몰입과 집중이 잘되고 매력이 있는지 보는 거죠.

김경달 그러면 조금 더 구체적인 이야기로 이어가보겠습니다. 유튜브 콘텐츠는 평소 몇 개 만들어야 할까요? 이를테면 '주간 단위로 몇 개는 만들어서 올려야 한다' 식으로 일정한 기준 같은 게 있는지 궁금해하는 분도 있거든요.

김남훈 이게 정말 어려운 부분입니다. 예를 들어 페이스북에서 콘텐츠를 일주일에 2개만 올리면 사람들이 댓글을 많이 달아주나요? 매일 올리고 소통해야 댓글도 많이 달리잖아요. 그런데 페이스북 콘텐츠와 달리 유튜브는 영상 콘텐츠를 만드는 것이 굉장히 힘듭니다.

그래서 저는 주 1회 정도만 올려도 괜찮다고 생각합니다. 중요한 것은 주기적으로 올려야 한다는 점이에요. 구독자가 그 시간에 기다려서 볼 수 있게 만드는 것이 중요하죠. 그래야 팬과의 관계도 잘 구축되고, 루틴을 만들 수 있으니까요. 제가 자주 보는 채널 중 〈Rirang OnAir〉라는 캠핑 채널이 있어요. 영상이 매주 토요일 저녁 9시에 올라오거든요. 그걸 아니까 늘 기다리게 돼요.

저는 주 1회 정도만 올려도 괜찮다고 생각합니다. 중요한 것은 주기적으로 올려야 한다는 점이에요. 구독자가 그 시간에 기다려서 볼 수 있게 만드는 것이 중요하죠. 그래야 팬과의 관계도 잘 구축되고, 루틴을 만들 수 있으니까요.

그런데 기업이나 공공 기관의 경우 먼저 콘텐츠 개수를 채우려 하다 보니 소재나 포맷을 고민하기가 쉽지 않은 것 같아요. 요즘 유행하는 포맷을 단순히 따라 하는 곳이 많죠. 우리가 광고 영상을 볼 때 단순히 따라 하면 독창성이 떨어지는 걸 금방 느끼잖아요. 물론 패러디라고 말할 수 있지만, 시간이 짧고 바쁘다 보니 영상에 인사이트를 담기보다는 그저 따라 하기만 급급한 경우가 많아요. 그런데 시청자는 유행하는 영상을 그냥 따라 한다고 무조건 보는 게 아니에요. 넷플릭스 콘텐츠, 공중파 콘텐츠랑 경쟁을 해야 해요. 볼만한 이유가 있어야 하는 거죠.

김경달 그렇죠. 이용자 입장에서 보면 같은 시간을 놓고 경쟁 구도가 되겠죠.

김남훈 그렇기 때문에 클리셰(cliché, 상투적인 것)를 뛰어넘는 인사이트가 있어야 해요. 오히려 이럴 때는 재미보다 정보를 더 충실히 담는 콘텐츠를 선택하는 것이 나쁘지 않다고 봐요. 영상은 사진보다 정확하게 정보를 전달할 수 있어 반드시 누군가 찾아서 보는 사람이 있거든요. 화제성에만 집중하면 오히려 브랜드 포지션이 헷갈릴 수 있죠.

타깃과 콘텐츠 제작 목적이 정확한 콘텐츠가 더 잘 노출돼

김경달 회사의 브랜드나 제품에 대한 핵심적인 메시지가 전달되어야 하는 것이지 화제성에 재미 요소만 추구하다가 오히려 그것만 기억에 남고 본질인 메시지가 훼손되는 건 좀 곤란하다는 의미군요. 기업이나 공공 기관에서 영상을 만들었는데, 유튜브에서 노출이 더 잘되도록 할 수 있는 방법은 없을까요?

김남훈 기업이나 공공 기관에서는 타깃층을 잘 설정하는 것이 중요해요. 예를 들어 '경기도에 거주하는 40대 남자로, 가족이 3명이고 소득은 중산층' 이런 식의 페르소나(persona)를 정확히 잡는 것이 좋아요. 유튜브 알고리듬은 소득수준까지 구분해서 필요한 사람에게 필요한 영상을 전달하거든요. 이렇게 페르소나를 잡고, 이를 바탕으로 콘텐츠 기획을 하는 것이 필요하죠.

콘텐츠가 어디서 소비될 것인가도 고려해야 합니다. 유튜브 콘텐츠 중에서도 어떤 것은 라디오처럼 운전할 때 듣기 좋은 콘텐츠도 있어요. 이런 영상은 지루해서 볼 수가 없어요. 반대로 빠른 호흡으로 시선을 사로잡는 영상은 딴생각을 하면 바로 놓쳐버리고요. 이렇게 영상이 어디서 어떻게 소비될지도 미리 생각해서 콘텐츠를 만든다면 타깃에 좀 더 많이 노출될 것입니다.

그다음 콘텐츠의 목적성을 분명하게 해야 해요. 트렌드를 보여줄지, 인사이트를 전달할지, 댓글 보면서 웃을 수 있는 즐거운 영상을 만들지, 최신 정보를 알려줄지 정해서 만들어야 하죠. 중요한 건 내가 하고 싶은 이야기가 아니라, 사람들이 보고 싶고, 듣고 싶은 이야기를 해야 한다는 점이에요.

가끔 기업체나 공공 기관에서 강의를 하면 자신은 똑같이 했는데 왜 안 되는지 모르겠다고 말씀하시는 분들이 있어요. 하지만 실제 영상을 살펴보면, 사람들에게 필요한 정보가 아니라 내가 하고 싶은 말만 한 경우가 많았습니다.

유튜브 영상, 품질보다 진정성이 더 중요

김경달 이번에는 영상 품질에 대한 이야기를 해볼까요. 아무래도 기업이나 공공 기관은 개인이 아니다 보니 영상 품질에 신경을 쓸 수밖에 없잖아요. 그런데 방송처럼 만들려면 비용이 만만치 않습니다. 실제 방송국과 경쟁하기도 어렵고요. 그렇다고 가볍게 만들자니 사람들이 영상을 봐줄까 걱정도 됩니다. 유튜브 영상의 품질은 어느 정도로 만들어야 할까요?

김남훈 몰입하게 만들 수 있는 영상이 좋은 영상이죠. 그런데 자막이나 효과가 화려하다고 좋은 영상은 아니에요. 요즘 유튜브 영상 자막의 특징은 자막을 최소화하거나 간편화하는 것이에요. 대신 영상 오디오의 질을 높이고 있습니다. 잘 들리면서 메시지 전달에 집중하는 것이죠. 사실 수십, 수백만 명의 구독자를 확보한 유튜버들이 모두 화려한 영상을 찍는 건 아니거든요. 전달하는 메시지가 좋기 때문에 사람들이 구독하는 거고요. 에프터이펙트 프로그램으로 만든 멀티미디어 효과는 양념 같은 것이지 그 자체가 메인이 될 필요는 없죠. 효과를 많이 넣는다고 영상 몰입도가 높아지는 건 아니거든요.

한 가지 더 말씀드리자면, 유튜브 영상은 무엇보다 진정성이 보여야 해요. 요즘 학생들에게 영상을 만들라고 하면 대부분 브이로그를 찍습니다. 그만큼 브이로그가 인기예요. 브이로그는 1인칭 시점이잖아요. 기존 방송 영상이 3인칭 시점이라면, 유튜브 영상은 기본적으로 이렇게 1인칭인 내가 중심이에요. 1인칭 주인공 시점에서 서사가 이루어지죠. 특히 젊은 세대는 내가 주인공인, 나의 관점에서 얘기를 만드는 데 익숙한 것 같아요. 이 부분을 감안해 영상을 만들면 좋을 것 같습니다.

김경달 콘텐츠 품질이나 제작 시 참고해야 할 점을 들어보았습니다. 콘텐츠에 대해 조금 더 들어가보겠습니다. 앞에서도 정보성 콘텐츠와 오락성 콘텐츠에 대해 말씀해주셨는데요, 기업에서는 관련 콘텐츠를 어떻게 다루는 것이 좋을까요?

김남훈 기업은 아무래도 한정된 자원으로 영상을 만들면서 기업의 이야기나 브랜드 메시지를 전달해야 하잖아요. 그러다 보니 정보성 콘텐츠를 주로 다루는 경우가 많죠. 예전에는 공식 채널에 정보성·오락성 콘텐츠를 함께 올렸지만, 요즘은 조금 바뀌고 있는 것 같아요. 공식 채널에서는 주로 정보성 콘텐츠를 통해 기업 메시지를 전달한다면, 마치 부캐처럼 서브 채널을 만들어 재미를 주는 콘텐츠를 제작하는 사례가 늘고 있어요.

예를 들어 삼성생명에서는 탁구단을 운영 중인데, 이와 관련해 탁구 영상 채널인 〈탁쳐〉를 오픈했죠. 이 채널에는 삼성생명 상품이나 브랜드 이야기는 하나도 없어요. 다만 탁구 이야기나 노하우를 알려줄 뿐이죠. 현대카드도 〈현대카드 다이브(DIVE)〉를 만들어서 그들이 잘하는 마케팅 이야기 등을 커뮤니케이션해요. 이렇게 기업들도 공식 오피셜 채널뿐만 아니라 각자 잘할 수 있고, 대중이 관심을 가질 만한 주제를 다루는 채널을 만들어 확장하는 것이 새로운 트렌드가 되고 있습니다.

예전에는 공식 채널에 정보성·오락성 콘텐츠를 함께 올렸지만, 요즘은 조금 바뀌고 있는 것 같아요. 공식 채널에서는 주로 정보성 콘텐츠를 통해 기업 메시지를 전달한다면, 마치 부캐처럼 서브 채널을 만들어 재미를 주는 콘텐츠를 제작하는 사례가 늘고 있어요.

김경달 일종의 부캐라고 할 수 있는, 대중적인 기반의 퍼널(funnel)을 만들어 고객과의 연결 고리를 만들어가는 거군요. 관련 있는 제품이나 내용이니 자연스럽게 회사에 대한 관심으로 전이가 될 수 있겠고요. 그다음은 운영 주체에 대한 질문입니다. 기업이나 공공 기관에서 인하우스로 콘텐츠 제작 기지를 구축할 수도 있고, 외부와 협업하거나 대행을 맡길 수도 있습니다. 이 부분은 어떻게 나눠야 할까요?

김남훈 과거보다 기업 내에 전문 영상 팀이나 인력을 구축하는 곳이 많이 늘었습니다. 직접 촬영하지 않더라도 영상 콘텐츠 담당자, 커뮤니케이션 담당자를 채용하고 있고요. 그런데 내부에 그런 인력을 구축한다고 해도 전문 방송사가 아니기 때문에 장비나 인력 수급에 한계가 있죠. 그리고 인원이 한정되어 있으니 콘텐츠 개수에도 한계가 있을 거고요.

제 솔루션은 일반적인 콘텐츠, 시간이 급박한 콘텐츠, 의사 결정이 필요한 콘텐츠는 내부에서 소화하는 것이 맞고, 기업 브랜딩을 위한 장기 프로젝트나 전문 프로젝트는 전문 외주사와 함께 하는 것이 좋을 듯합니다. 그만큼 퀄리티 높은 영상을 만들어내려면 외부 전문가들과 협력하는 것이 더 효과적이거든요.

함께 노는 영상 플랫폼 틱톡, 광고 효과로 많은 기업이 주목 중

김경달 오늘 여러 가지 주제로 이야기를 계속하고 있습니다. 요즘 워낙 틱톡이 거센 돌풍을 일으키고 있잖아요. 유튜브 쇼츠도 나왔고요. 기업이나 공공 기관에서는 이 서비스를 어떤 식으로 접근하거나 활용하면 좋을까요?

김남훈 저는 유튜브와 숏폼 비디오 플랫폼, 즉 유튜브 쇼츠나 틱톡 등은 아예 다른 범주라고 생각해요. 방송 영상과 광고 영상은 완전히 다르잖아요. 광고 영상의 목적은 기업의 이미지나 제품의 메시지를 짧은 시간에 각인시키는 것이에요. 방송은 스토리와 플롯을 풀어가며 공감하게 만드는 걸 목적으로 삼습니다. 글도 논설문, 설명문, 광고 카피가 전혀 다른 것과 같은 맥락인 거죠.

저는 틱톡은 광고에 가깝고, 유튜브는 방송에 가깝다고 생각해요. 그래서 유튜브는 누가 우리 채널의 콘텐츠에 몰입하느냐, 누가 우리의 얘기를 듣느냐가 중요한 것 같습니다. 틱톡은 짧은 메시지를 던지고 함께 노는 데 포커스가 있다고 생각하고요.

유튜브와 틱톡은 철학적으로 다른 것 같아요. 유튜브는 내가 영상을 만들어 올리면 사람들이 소비하는 방식이라면, 틱톡은 영상을 만들어서 같이 놀게 되는 거죠.

틱톡은 영상을 만드는 방법이 굉장히 쉽거든요. 1분 안에 빠르게 만들어서 올릴 수 있으니 짧고 재미있잖아요. 그러다 보니 다들 함께 만들어서 놀고요. 챌린지 콘셉트가 그것이죠. 요즘 보면 가수나 개그맨, 배우가 틱톡으로 챌린지를 함께 하는데, 그렇게 함께 노는 것이 틱톡의 특징인 것 같아요.

그리고 틱톡은 해시태그를 기반으로 영상을 살펴보게 되어 있어요. 앞으로 해시태그 중심의 영상 검색엔진 플랫폼으로 확장될 것으로 예상합니다. 또 젊은 세대는 영상에 오래 집중하는 것을 힘들어하는데, 그래서 앞으로 틱톡 같은 숏폼 콘텐츠가 엄청나게 확산될 것으로 봅

유튜브와 틱톡은 철학적으로 다른 것 같아요. 유튜브는 내가 영상을 만들어 올리면 사람들이 소비하는 방식이라면, 틱톡은 영상을 만들어서 같이 놀게 되는 거죠. 요즘 보면 가수나 개그맨, 배우가 틱톡으로 챌린지를 함께 하는데, 그렇게 함께 노는 것이 틱톡의 특징인 것 같아요.

니다. 특히 광고에 최적화되다 보니 광고 전환율도 좋아 많은 기업에서 집중할 것으로 봅니다.

김경달 기업에서 의사 결정을 하는 분들 중 유튜브에 대한 이해도가 높지 않은 분이 많아 좌충우돌, 혹은 과도기적인 혼란이 생기기도 합니다. 의사 결정을 하는 분들께 어떤 말씀을 해주실 수 있을까요?

김남훈 기업에서는 유튜브 KPI를 단기간에 올려야 한다고 이야기하는 분이 많습니다. 그것보다는 브랜드의 메시지를 잘 만들어 꾸준히 지속하는 것이 더 중요하다고 말씀드리고 싶습니다. 평가 또한 정량적인 것도 필요하지만, 구독자와의 커뮤니케이션이나 밀착도 등 정성적인 부분도 무척 중요합니다. 의사 결정자들이 그런 부분도 감안해주셨으면 좋겠습니다.

김경달 마지막으로, 2022년에는 뉴미디어 부문에 어떤 변화가 있을지, 그리고 대표님께서는 어떤 계획을 세우고 계시는지 궁금합니다.

김남훈 지금도 많은 기사가 나오고 있는데, 저는 창작자 경제가 더욱 가속화될 것 같아요. 현재 젊은 친구들 중 디자인이나 그림을 그리거나 웹 소설을 쓰는 친구들은 직장에 다니면서 자신의 콘텐츠로 돈을 벌고 있어요. 원천 IP를 만들 수 있는 능력자들은 앞으로 돈을 벌 기회가 훨씬 더 많아질 것으로 보여요.

또 유튜브의 강세는 한동안 지속될 것 같습니다. 세계적으로 그만한 동영상 인프라를 구축해놓은 시스템이 없거든요. 다만 유튜브 콘텐츠는 양극화가 심해졌어요. 유튜브 내에서도 어떤 콘텐츠는 공중파 버라이어티급으로 제작되고 있고요. 그런 면에서 1인 제작자는 방송사나 대형 MCN사의 콘텐츠를 따라 하기보다 자신의 타깃을 명확히 잡고 소통하는 전략으로 운영해나가는 것이 좋을 것 같습니다. 저도 앞으로 계속 좋은 콘텐츠를 만들려고 노력하겠습니다.

김경달 응원하겠습니다. 감사합니다.

레드오션 유튜브에서 크리에이터의 생존 방법은?

유튜브는 내 삶을 전시하고 싶게 만드는 플랫폼

김경달 안녕하십니까. 간단하게 자기소개를 해주시죠.

최광백 안녕하세요. MBTI를 주제로 한 개인 채널과 〈모텔호텔최텔〉이라는 숙박업소 리뷰 채널을 운영하는 최광백입니다.

김경달 유튜브 크리에이터인 광백 님의 유튜브 운영 경험을 함께 나누고자 모셨습니다. 먼저 개괄적인 질문을 드릴게요. 유튜브는 나에게 무엇이라고 생각하나요?

최광백 저는 유튜브를 '내 삶을 전시하고 싶게 만드는 플랫폼'이라고 이해했어요.

김경달 '전시'란 어떤 의미일까요?

최광백 '나는 이렇게 생각하고, 이렇게 살았다'는 것을 보여주고 싶은 플랫폼이라는 의미입니다. 다른 플랫폼은 그런 생각이 좀 덜 드는데, 유튜브는 영상으로 표현하는 매체이다 보니 그런 생각을 하게 된 것 같아요. 제게는 영상이 더 매력으로 다가왔어요.

김경달 나를 드러내고 표현하고 소통하는 수단으로 영상 커뮤니케이션이 부담이 되지 않는다는 거네요. 유튜버의 자질이 거기서부터 나오는 것 같습니다. 일반적으로는 영상으로 나를 드러내고 보여주는 것이 부담되잖아요.

최광백 제가 얼마 전에 아버지에게 야단을 맞고 약간의 언쟁이 있었습니다. 발단은 아버지의 인터뷰 영상 때문이었어요. 약주를 세 잔 정도 드시고 말씀하시는 것을 찍어서 올렸죠. 저는 이야기가 재미있게 잘 나왔다고 생각했는데, 아버지께서 그 영상을 보고 크게 화를 내시더라고요. 술 마시는 모습을 영상으로 박제해놓는 것을 누가 좋아하냐는 게 그 이유였습니다.

저는 유튜브를 '내 삶을 전시하고 싶게 만드는 플랫폼'이라고 이해했어요. '나는 이렇게 생각하고, 이렇게 살았다'는 것을 보여주고 싶은 플랫폼이라는 의미입니다.

김경달 세대 간에 유튜브에 대한 접근 방법이나 이해에 차이가 있는 것 같네요. 그렇다면 유튜브 채널을 개설해 운영하게 된 계기는 무엇인가요?

최광백 저는 군대를 다녀온 후부터 전문 MC 생활을 했어요. 주중에는 대학생, 주말에는 결혼식이나 돌잔치 같은 각종 경조사의 MC를 맡았죠. 그러다 친구가 제게 같이 창업하자고 제안했어요. 영상 콘텐츠를 제작해 페이스북에 올려 수익을 얻는 모델이었는데, 그때 처음 영상을 접했죠. 거기서도 저는 진행 역할을 맡았습니다. 그러다 진행자의 삶을 살고 싶어 아나운서에 도전했어요.

하지만 서류에서 모두 떨어지더라고요. 그래도 미련을 버리지 못하고 방송 아카데미에 등록해 기자를 지망했어요. 그런데 기자는 글을 써야 하잖아요. 강사 한 분이 제 글을 보고 기본이 안 되었다고 엄청 혼내셨어요. 그길로 그 아카데미 수업료를 환불받아 중고 카메라를 샀죠. 사람들이 나를 안 찍어주면 나라도 나를 찍어보자는 생각이었습니다. 마침 그때 유튜브가 한창 도약하던 시기였죠. 그렇게 제 채널을 시작하게 되었어요.

김경달 그때 개설한 채널이 MBTI와 관련 있는 채널이었나요?

최광백 처음에는 행사 영상이나 브이로그를 올리는 〈유후로드〉라는 이름이었어요. 제 MC명이 유후였거든요. 구독자는 250명 정도 되는 작은 채널이었어요. 그러다 2020년 3월쯤 MBTI가 유행하더라고요. 마침 채널을 좀 더 발전시켜보려고 고민하던 차에 MBTI와 내 얘기를 결합해 채널을 운영해보자고 생각했죠.

그렇게 콘셉트를 바꿔 첫 영상을 올렸는데, 3일 만에 조회수가 500회 이상 나왔어요. 다른 영상들은 십몇 회 정도였거든요. 채널 데이터 분석을 하니 MBTI 키워드 검색을 통해 영상을 본 사람이 많았어요. 그래서 이 키워드가 먹힌다는 생각에 주제를 계속 MBTI 키워드로 잡고 영상을 만들어나갔죠. 지금은 2,500명 정도 구독 중이에요.

김경달 처음에는 브이로그로 시작해 이후에 관심사 키워드를 잡아 그걸 위주로 채널을 운영하게 된 거네요.

유튜브 영상 덕에 업무 문의와 의뢰까지!

사람들이 나를 안 찍어주면 나라도 나를 찍어보자는 생각이었습니다. 마침 그때 유튜브가 한창 도약하던 시기였죠. 그렇게 제 채널을 시작하게 되었어요.

최광백 그런데 처음 개인 채널을 하면서 구독자는 적었지만, 영상 하나 덕분에 큰 효과를 봤어요. 2017년에 유튜브가 유명하지 않을 때 영상 하나를 올려봤어요. 제가 진행한 결혼식 영상이었는데, 그 영상이 7만 조회수를 얻은 거예요.

김경달 어떤 포인트가 있었나요?

최광백 당시 유튜브에서는 결혼식 진행 영상이 거의 없었어요. 그런데 사람들이 유튜브에서 결혼식 사회자를 검색하기 시작한 거예요. 그때 제 영상이 노출된 거였죠. 그 덕분에 문의를 많이 받았어요. 결혼식 사회자를 어떻게 찾는지 묻는 분도 많았고, 제게 사회가 가능하냐고 문의하시는 분도 많았죠. 덕분에 저도 일을 할 수 있었고요. 이렇듯 구독자가 거의 없었지만 선순환이 된 영상도 있었어요.

김경달 그렇군요. 그렇게 의도하지 않은 상황이 많이 생기는 것이 유튜브 같습니다. 그럼 유튜브를 운영하면서 초창기에 어렵거나 힘들었던 점은 어떤 것인가요?

최광백 가장 힘들었던 건 처음부터 너무 많은 피드백을 받았다는 점이었어요. 좋게 말하면 피드백, 나쁘게 말하면 훈수라고 하죠. 건설적인 얘기를 해주는 사람도 있지만, 재미없으니 하지 말라는 얘기도 했거든요. 그때 많이 힘들었죠. 계속 해야 하는지 그만둬야 하는지 고민하게 됐고요.

제 해결책은 그냥 귀를 닫는 거였어요. 주변 이야기에 너무 휩쓸리지 말고 적어도 초창기 1년 동안은 일주일에 한 편씩 꾸준히 제작해 본다는 생각으로 운영하는 게 좋습니다. 더 좋은 채널 만들겠다고 남의 얘기를 들어봐야 오히려 내상만 커져요. 초기의 기획 의도를 잘 살리는 것이 무엇보다 중요한 것 같습니다.

구독자의 감동적인 댓글이 크리에이터로 살아가는 힘

김경달 힘든 점을 들어봤습니다. 반대로 유튜브를 운영하면서 보람되거나 즐거운 점은 무엇일까요?

최광백 가장 보람된 점은 제 인생에서는 생전 마주치지 못할 것 같은 사람들도 유튜브를 통해 알게 된다는 점이었어요. 제 개인 채널 구독자분들은 진중한 분이 많아요. 그래서 일반적으로 댓글이 다섯 줄이 넘습니다.

제가 영상에서 솔직한 얘기를 털어놓다 보니 구독자분들도 자신의 인생 얘기를 풀어서 써주시더라고요. 그러면서 제게 진솔한 이야기를 해줘서 고맙다는 댓글을 남기는데, 그걸 볼 때마다 엄청난 힘을 얻죠. 저는 아침에 일어나 구독자분들의 댓글 읽는 것으로 하루 일과를 시작해요. 이 댓글들이 제가 크리에이터로 계속 살아가는 힘과 방향이 되어주는 것 같습니다.

김경달 요즘 유튜브에 관심을 갖는 사람이 많습니다. 새로 유튜브 채널을 운영하고 싶어 하는 분들에게 어떤 콘텐츠를 만들어야 하는지 조언해주실 만한 것이 있을까요?

최광백 키워드 볼륨에 따라서 조회수나 구독자가 크게 달라지는 것 같습니다. 예를 들어 전 세계에 축구를 좋아하는 사람이 많잖아요. 그래서 축구 키워드로 영상을 만들면 그만큼 많은 사람에게 노출될 수 있는 거죠. 구독자가 늘어날 확률도 높아지고요.

반면 내가 좋아하는 것을 키워드로 영상을 만들면 나를 아는 사람들만 재미있어할 테죠. 그런 지점을 생각해서 채널 운영 방향을 결정해야 할 것 같아요.

주변 이야기에 너무 휩쓸리지 말고 적어도 초창기 1년 동안은 일주일에 한 편씩 꾸준히 제작해본다는 생각으로 운영하는 게 좋습니다. 더 좋은 채널 만들겠다고 남의 얘기를 들어봐야 오히려 내상만 커져요. 초기의 기획 의도를 잘 살리는 것이 무엇보다 중요한 것 같습니다.

김경달 내가 하고 싶은 이야기나 콘텐츠를 할지, 많은 사람이 좋아할 만한 콘텐츠를 할지 고민해봐야 한다는 얘기군요.

최광백 아니면 그냥 조회수가 잘 나올 것 같은 콘텐츠를 다양한 방식으로 만들어 올려보는 방법도 있어요. 그렇게 하다 보면 알고리듬이 사람들이 반응하는 콘텐츠를 찾아주도록 하는 방법도 있습니다. 이렇게 찾아낸 키워드 관련 콘텐츠를 계속 만들어가는 것도 나쁘지 않죠.

김경달 시제품을 몇 개 만들어보고 잘 팔리는 것을 키워가는 방식이군요. 지금 비즈니스 채널도 운영하고 있는데, 개인 채널과 달리 비즈니스 채널을 하면서 힘든 점은 무엇인가요? 또 앞으로 어떤 방향으로 발전시키고 싶은지요?

최광백 비즈니스 채널은 아직 구독자가 많지 않지만 사업화해보겠다는 목표로 운영 중입니다. 호텔 앱이나 인스타그램을 보면 숙박업체 사진이 다 멋지잖아요. 하지만 실제 그렇게 깔끔하고 예쁜 곳은 아니라는 걸 모두 알잖아요. 그래서 실제 숙소가 어떤 모습인지 궁금해하는 사람들에게 영상으로 알려주는 채널을 만들게 되었죠.

다만 모텔을 리뷰하다 보니 가끔씩 '현타'가 오곤 해요. 저는 오전에 일어나서 아침 먹고 서칭을 한 다음, 점심 먹고 모텔에 가요. 남자 혼자서. 그런 후 모텔을 꼼꼼히 찍고, 저녁에 와서 편집해 올리죠. 이 루틴을 일주일 내내 반복하는데, 모텔이 어둡고 음습한 느낌이잖아요. 혼자 계속 그렇게 다녀야 하는 점이 조금 힘들었어요. 그래서 지금은 다른 방식으로 촬영하는 중입니다.

개인 유튜버는 소탈한 나의 모습을 어필하는 것이 강점

김경달 요즘은 기업에서 운영하는 채널이 많잖아요. 반면 개인이 유튜브를 운영할 때 노려볼 만한 기회는 무엇이 있을까요?

최광백 유튜브를 운영하려면 뭔가 있어야 한다고 생각하는 사람이 많은 것 같아요. 자신은 너무 평범해서 할 게 없다고 생각하는데, 이걸 바꿔 생각하면 그런 개인이기 때문에 갖는 강점도 있다고 생각해요. 구독자와 같은 눈높이로 영상을 만들고, 소박하고 담백하게 그리고 디테일하게 대화하는 것이 강점으로 작용하는 거죠. 지극히 소

구독자와 같은 눈높이로 영상을 만들고, 소박하고 담백하게 그리고 디테일하게 대화하는 것이 강점으로 작용하는 거죠. 지극히 소탈한 나의 모습 같은 것들로 어필할 수 있는 플랫폼이 유튜브 같아요.

탈한 나의 모습 같은 것들로 어필할 수 있는 플랫폼이 유튜브 같아요.

제가 개인 채널에 올린 영상 중 절망적일 때 힘이 되어준 한 장의 문서에 대한 이야기가 있거든요. 조회수는 많지 않았는데, 그 영상에 달린 댓글이 너무 좋고 고마웠어요. TV에서 잘 꾸민 드라마틱한 인생 이야기가 아니라, 솔직한 자신을 보여주는 영상이어서 좋았다는 이야기를 해주셨죠. 댓글을 보며 내 마음을 이해해주셨구나 싶어 가슴이 뭉클했어요.

김경달 생생하고 진정성 있는 이야기에 사람들이 공감을 했네요. 많은 사람이 그런 부분에 대한 수요가 있다는 의미이기도 한 것 같습니다. 유튜버와 구독자의 관계지만, 온라인 기반일 뿐 실제 친구보다 더 솔직 담백한 대화를 나누는 사이가 된 거군요.

최광백 네, 맞아요. 저희 MZ세대가 힘든 세대라고 하잖아요. 게다가 코로나19로 다른 이와 떨어져 있는 일상을 살다 보니 가까운 관계를 그리워하는 사람이 많아지는 것 같아요. 저도 구독자로 만나 인스타그램 DM으로 대화하며 친구처럼 지내는 분도 생겼어요.

이제 유튜브 라이브는 필수! 다채로운 K-콘텐츠가 강세

김경달 그렇군요. 혹시 운영 중인 채널에서 깨우친 노하우나 새롭게 시도하는 영상 기술 같은 것이 있을까요?

최광백 얼마 전 구글에서 1,000명대 구독자를 보유한 크리에이터를 대상으로 온라인 클래스를 열었어요. 여러 채널 운영 노하우 중 라이브 스트리밍을 하는 채널이 구독자의 증가나 노출 확산이 더 잘된다는 이야기를 들었어요. 이 이야기를 듣고 저도 바로 라이브를 시작했습니다.

매주 일요일 저녁 10시에 구독자들과 라이브를 하는데, 별다른 주제는 없어요. 그런데 2시간이 뚝딱 지나가버리더라고요. 구독자끼리 나누는 대화가 재밌고, 그분들이 제게 물어보는 질문이 많고, 재미있어요. 제 구독자들이 소통에 대한 수요가 있는 분들이다 보니 주목도도 생기는 것 같고요.

김경달 이 외에도 광백 님이 체감하는 유튜브 세상의 변화 같은 것이 있을까요?

최광백 제가 느끼는 건 올해 K-콘텐츠 세계관이 상상도 못 할 정도로 크게 확장되었다는 점이에요. 〈피식대학〉 영상이 전 세계적으로 인기를 끌고, 팝스타가 태그도 하고요. K의 세계관으로 굉장히 다채로운 콘텐츠가 만들어지고 퍼져나가고 있는 것 같습니다.

김경달 글로벌하게 봤을 때 한국의 위상이 높아지고 있는데, 유튜브 세상에서도 K-콘텐츠가 리드하는 모습을 볼 수 있다는 것이군요. 앞으로 광백 님의 채널도 K-콘텐츠 대표 채널이 되기를 응원합니다.

최광백 네, 감사합니다.

개인의 일상에서 모두의 세상까지!

유튜브는 다양한 스타일과 주제의

콘텐츠를 담은

가장 거대한 온라인 세상이 되었다.

그리고

기업과 레거시 미디어의 진출로

이전과 달리

크리에이터 한 명이

수백만 명의 구독자를 확보하는

것이 점점 더 어려워지고 있다.

그럼에도 새롭게 떠오르는

유튜브 채널을 살펴보면

사람들이 선호하는 콘텐츠 방향과

앞으로 유행할 콘텐츠 흐름을

예측해볼 수 있을 것이다.

2022년에 주목할 만한

유튜브 채널 77개를 소개한다.

추천 채널의 구독자수는 2021년 11월 1일 기준으로 작성했습니다.

PART

4

2022년 주목해야 할 대한민국 유튜브 채널 77

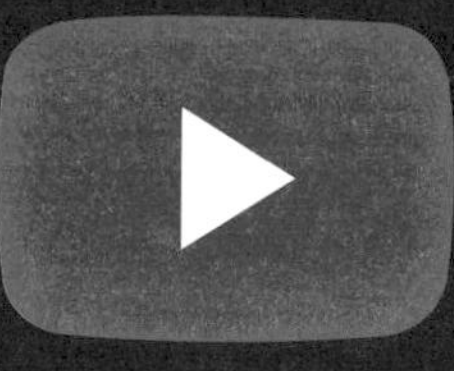

YouTube
TREND
2022

1분미만

▶ 카테고리 : 이슈 / 정보 / 뉴스
▶ 콘텐츠 타입 : 익스플레인

추천 영상

한국인 91%가 몰라서 안 쓴다는 겨울철 미친 기능
조회수 7,627,738회 / 2020. 12. 9.

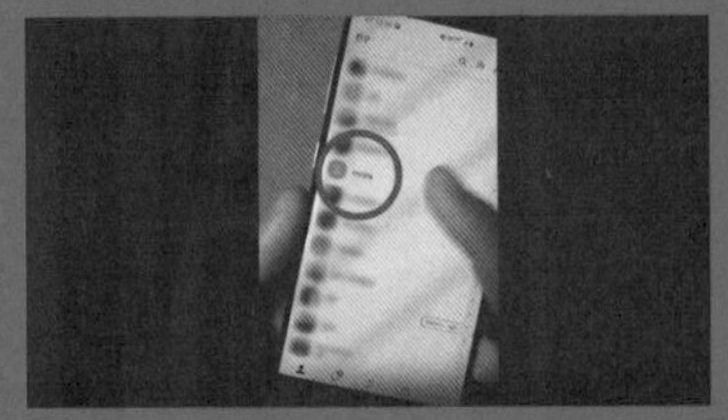

카톡에서 이렇게 변한 사람 지금 당장 확인하세요
조회수 6,387,593회 / 2021. 6. 7.

1분미만

코리아 톱클래스 가성비 No.1 채널

구독자 97만 명

바빠 죽겠는데 주저리주저리 하지 말고 내게 딱 필요한 내용만 콕 집어 설명해주는 채널 없을까? 이런 생각을 하는 사람들에게 강추하는 채널 〈1분미만〉이다. 일상생활 속 꿀팁을 1분 내외 영상에 꽉꽉 눌러 담았다. 주로 자동차, 스마트폰, 일상 꿀팁, 교통 등의 주제로 영상을 올린다.

사람들이 그가 제공하는 정보를 얼마나 유용하게 여기는지 보여주는 에피소드 하나. 스마트폰으로 긴급 SOS 신호를 보내는 영상을 올리자 그날 경찰서에 신고가 많이 들어오고 있다는 실시간 댓글이 계속 달렸다고. '절대 장난으로 하지 마세요'라는 제목이 붙었는데도 말이다.
처음부터 의도한 것인지는 모르겠지만, 세로 영상에 1분 미만 포맷은 요즘 한창 유행하는 틱톡이나 숏폼 형식에 딱 맞는 콘텐츠라 구독자가 더욱 폭발한 듯 보인다.
질질 끄는 것을 싫어하는 한국인의 습성을 가장 잘 파악한 채널이 아닐까?

YouTube TREND 2022

02

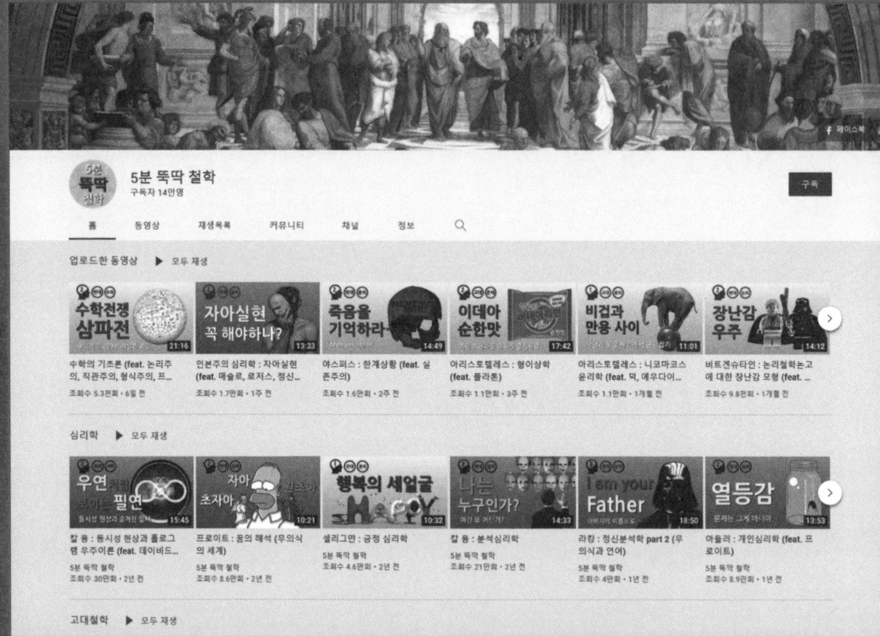

5분 뚝딱 철학

▶ 이슈 / 정보 / 뉴스

▶ 콘텐츠 타입 : 익스플레인

추천 영상

칸트 : 선험적 종합 판단은 어떻게 가능한가?

조회수 60,833회 / 2019. 1. 7.

프로이트 : 꿈의 해석(무의식의 세계)

조회수 86,603회 / 2019. 2. 4.

컵라면 잘 익을 동안 소크라테스 뚝딱

구독자 14.6만 명

5분 만에 어려운 철학 개념을 알 수 있다고? 듣기만 해도 솔깃하다. 5분이면 전철 두 정류장 가는 시간. 일주일에 5분만 투자하면 철학 유식자가 되는데, 그 시간을 투자하지 못할 이유가 없다. 게다가 굳이 영상을 보지 않고 이어폰으로 그의 이야기를 듣기만 해도 충분히 이해 가능하다. 그만큼 이해하기 쉽고 짜임새 있는 설명으로 유명해졌다.

〈5분 뚝딱 철학〉 운영자 김필영은 원래 공대생이었다고. 그러다 자신이 불안을 느끼는 이유를 찾으려고 철학을 공부해 박사 학위까지 취득한 것. 공대생의 과학 지식과 철학 박사의 인문 지식을 잘 버무려 설명해주니 더 이해하기 쉽다는 것이 이 채널을 추천하는 사람들의 공통된 이야기다. 한 주에 하나씩 3년간 꾸준히 올린 영상이 어느새 150개가 넘는다. 그리고 한 가지 비밀 아닌 비밀은 실제 영상 중에는 20분을 훌쩍 넘는 것이 많다는 사실. 그럼에도 5분처럼 시간이 순삭되는 느낌이니 어려워하지 말고 이 채널의 콘텐츠에 도전해보자.

건들건들

▶ 카테고리 : 이슈 / 정보 / 뉴스
▶ 콘텐츠 타입 : 토크, 익스플레인

추천 영상

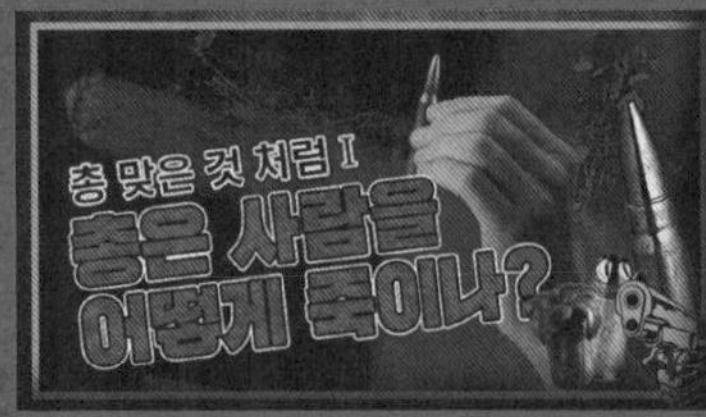

총 맞은 것처럼 I - 총은 사람을 어떻게 죽이나?
조회수 1,557,441회 / 2018. 2. 23.

89식 소총 : 자위대의 오른손은 그렇게 바빠졌다
조회수 2,927,717회 / 2018. 5. 10.

〈총, 균, 쇠〉 영상 버전, 근데 여기서 균을 제외한

구독자 25.1만 명

“덕 중의 대표 덕은 밀덕(밀리터리 덕후)”이라는 말이 있다. 〈건들건들〉은 총기 및 전쟁에 관련한 정보를 알려주는 채널이다. 초기에는 채널명에 맞게 총에 대한 이야기만 다루었으나, 최근에는 ‘궁극의 전쟁사’와 ‘궁극의 인터뷰’ 시리즈도 진행 중이다.

국방TV에서 〈밀리터리M〉이라는 프로그램에 출연한 총기 전문 리뷰어 환장과 밀리터리 덕후 펜더가 총기 탄생 배경이나 역사를 설명해준다. 두 사람 모두 전공 교수에 가까울 정도의 지식으로 총기와 전쟁에 관련된 다양한 설명을 해줘 듣는 재미가 있다. 내용에 깊이가 있어 박물관과 전쟁기념관 등에서 협업 요청을 자주 해온다고 한다.
영상은 환장, 펜더 두 사람이 대화를 주고받으며 진행된다. 그러다 보니 대화에 개그 요소가 많아 상당히 웃기다. 밀리터리나 총기에 딱히 관심이 없는 사람도 쉽고 흥미롭게 콘텐츠를 즐길 수 있다.
안중근 의사 권총 복원 프로젝트에도 참여했다.
그런 만큼 이 분야에서 검증된 덕후라고 할 수 있다.

겨울서점 Winter Bookstore

▶ 카테고리 : 리뷰
▶ 콘텐츠 타입 : 인터뷰, 브이로그, 라이브, 익스플레인

추천 영상

민음사 패밀리데이 아무말 대모험!
조회수 113,332회 / 2017. 6. 13.

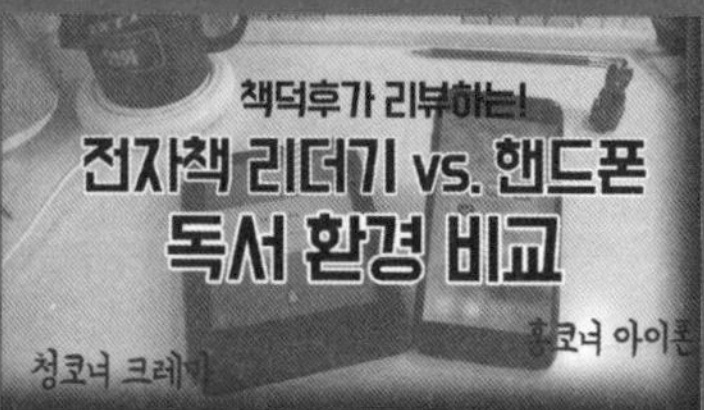

전자책 단말기로 책 읽기 vs. 핸드폰으로 책 읽기!
당신의 선택은? 앱 4종 비교!
조회수 170,550회 / 2017. 9. 19.

겨울 님 추천 책이라면 언제든지 OK

구독자 21.5만 명

많은 사람이 콘텐츠가 중심이 되는 시대가 온다고 하지만, 막상 책 판매량은 점점 더 감소하는 중. 그럼에도 여전히 독자들은 좋은 책을 찾고, 책과 더불어 소통하고 싶어 한다.
이런 독자들이 구독 리스트에 반드시 올려놓은 채널이 〈겨울서점〉이다. 이 채널에서는 다양한 책을 소개하는 것은 물론, 분석과 한 줄 평, 낭독, 저자와의 대화, 브이로그, 굿즈 리뷰, 거기에 실시간 방송까지 진행한다. 보다 보면 "책으로 이렇게 다양한 콘텐츠를 만들 수 있구나!"라는 감탄이 절로 나온다.

유튜버 김겨울의 매력도 이 채널을 구독하게 하는 큰 이유다. 싱어송라이터이기도 한 그녀는 호소력 있고 정돈된 목소리로 사람들을 끌어당긴다. 그렇지만 절대 무겁지 않다. 요즘 유행하는 인터넷 용어도 곁들여 책에 대한 눈높이가 낮은 사람도 쉽게 이해하도록 해준다.
비주얼 시대인 오늘날 책을 보는 사람이 점점 줄어든다고 하지만, 그녀의 안목으로 선택한 책이라면 왠지 지갑을 열어 구입하고 싶어질 것이다.

05

곰진이TV GOMJINI TV

▶ 카테고리 : 여행
▶ 콘텐츠 타입 : 브이로그

추천 영상

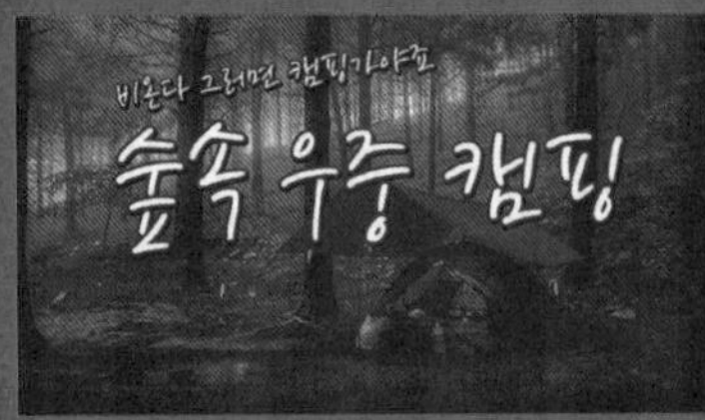

우중 캠핑 | 비가 온다 그러면 캠핑 가야죠
조회수 216,396회 / 최초 공개: 2019. 7. 28.

차박 캠핑 | 인생 첫 차박 | 왜 차박하는지를 알았어요
조회수 155,912회 / 2019. 7. 21.

곰진이TV GOMJINI TV

착한 캠핑의 모든 것!

구독자 2.33만 명

구독자는 많지 않지만 캠핑 관련 커뮤니티에서 오랫동안 활동한 '업계 유명인'. 〈곰진이TV〉는 채널명에 걸맞게 백팩을 메고 자전거를 타는 곰을 아이콘으로 삼았다.

아웃도어업체 이사이기도 한 그는 자신이 직접 캠핑을 한 경험을 콘텐츠 삼아 올린다. 기본적으로 솔로 캠핑을 지향하며 캠핑, 차박, 모토캠핑, 백패킹 등 다양한 캠핑 스타일을 보여준다.
보통 브이로그 형태의 캠핑 영상과 캠핑 관련 물품 리뷰 영상, 그리고 캠핑 시 팁과 준비물을 소개하는 영상으로 구성된다.
다양한 국내 캠핑 명소를 다니며 소개하지만, 모두 성공하는 것은 아니다. 궂은 날씨 때문에 캠핑에 실패할 때도 있는데, 오히려 이런 실패담이 올바른 캠핑 정보를 얻는 데 도움을 준다.
도시를 떠나고 싶어 하는 사람이라면 그의 채널은 치명적일 수밖에 없다. 세상 편한 모습으로 자연을 즐기는 것 자체가 캠핑을 하게 만드는 가장 강력한 아이템이니 말이다.

과학하고 앉아있네

▶ 카테고리 : 이슈 / 정보 / 뉴스
▶ 콘텐츠 타입 : 토크

추천 영상

물리학자와 함께 〈테넷〉 감상 준비하기
조회수 175,674회 / 2020. 8. 21.

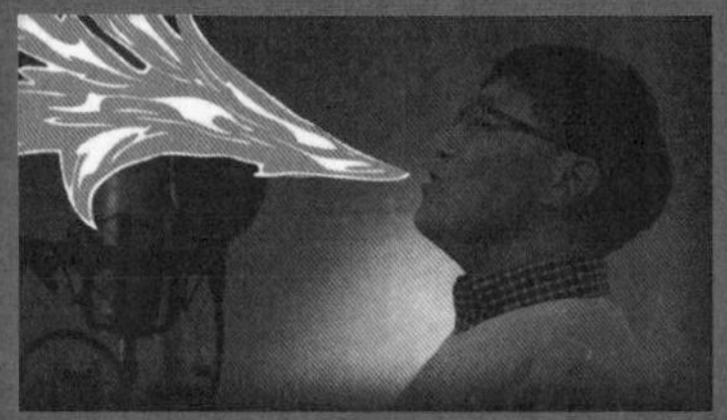

엔트로피 사랑, 세계 최초로 과학자들이 함께 부른 발렌타인 송!
조회수 118,543회 / 2016. 2. 13.

과학계의 유재석, 박사계의 뮤턴트

구독자 7.19만 명

물리학자 김상욱 교수, SF 소설가 곽재식, 국립과천과학관 이정모 관장 등 과학계의 유명인을 다수 발굴한 팟캐스트 〈과학하고 앉아있네〉의 유튜브 채널. 팟캐스트계에서는 터줏대감이던 이들이 비주얼 콘텐츠 시대에 맞춰 영상 플랫폼으로 진출했다.

팟캐스트를 진행하면서 영상으로 찍어 올리기 때문에 영상을 틀어놓고 라디오처럼 들을 수 있는 것이 특징이다. 입담 좋은 진행자와 전문 게스트가 다양한 과학 지식을 전해준다. 그야말로 과학 지식을 얻기에 가장 좋은 채널이다.
이 외에도 각종 SF, 싸움의 기술, 최근 트렌드까지 과학적으로 분석해준다. 어떤 유튜브 채널이 퀀텀닷 디스플레이와 면역 치료제 융합 연구, 거대 하드론 충돌기, 알큐비에레 워프 드라이브 등 발음하기도 힘든 과학 지식을 꿀잼 설명해줄 수 있을까? 보다 보면 이상하게 어려운 과학 개념도 정말 이해하는 것만 같은 착각에 빠지게 하는 마성의 채널이다.

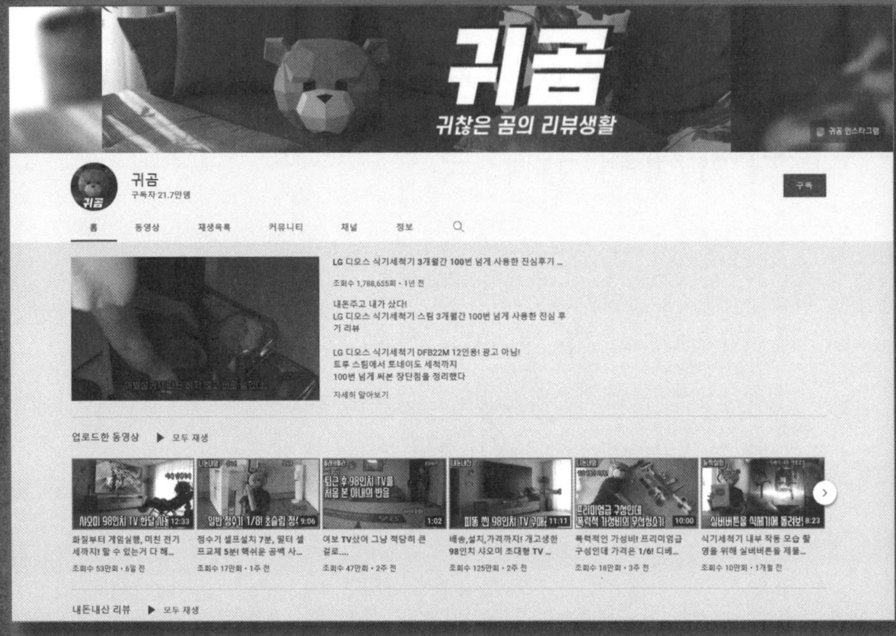

귀곰

▶ 카테고리 : 리뷰
▶ 콘텐츠 타입 : 익스플레인, 예능

추천 영상

LG 디오스 식기세척기 3개월간 100번 넘게 사용한 진심 후기 리뷰(feat. 6개월 할부) [내돈내산]
조회수 1,788,541회 / 2020. 3. 2.

과연 속을까?! 한 달 준비한 플스5 유부남 에디션 공기청정기 몰래카메라
조회수 1,363,859회 / 2020. 11. 15.

귀곰

내돈내산 리뷰를 가장 맛깔나게 하는 중년 곰

구독자 23.6만 명

사람들이 '내돈내산'을 믿는 이유는 그만큼 솔직한 리뷰가 가능하기 때문이 아닐까? 작년부터 올해까지 '내돈내산'을 내세우다가 물의를 빚고 운영을 중단한 채널이 많았다. 사람들은 배신당한 느낌이라며 더욱 매서운 비판을 가했다.

이런 상황에서 실제 '내돈내산'으로 리뷰하는 〈귀곰〉의 생활용품 리뷰는 정말 알차다. 제품을 사야 할지 말아야 할지 제대로 판단할 수 있게 해준다. 빠르게 장단점을 소개하며 실제 자신이 써보고 후기를 올리기 때문에 믿음이 간다.
물론 모두 가성비만으로 추천하는 건 아니다. 무려 98인치 TV를 샀을 때는 '티부심(TV부심)'만으로도 구입할 만하다고 추천할 정도. TV는 '거거익선'이라며 그냥 큰 게 좋다고 후련하게 추천한다.
이 외에도 엉뚱한 상상력으로 실험 비슷한 리뷰도 하는데 '건조 오징어를 식기세척기에 넣으면 반건조 오징어가 될까?' 같은, 부인에게 등짝 스매싱당할 만한 주제로 영상을 찍기도 한다.
새로운 리뷰 예능인이 탄생할 듯한 예감.

김광연

▶ 카테고리 : 음악
▶ 콘텐츠 타입 : 커버, 라이브

추천 영상

말할수없는비밀 피아노 배틀 중딩 실사판
조회수 8,547,609회 / 2013. 9. 11.

롤린 치면서 롤린 춰보기
조회수 2,675,854회 / 2021. 3. 26.

김광연

8년 차 피아노 크리에이터! 난 편집도 잘하지

구독자 38.6만 명

'꼬마 천재 OOO' 중 한 명? 피아노 천재라고 생각했던 이 꼬마는 유튜버가 되었고, 거의 매일 영상을 올리고 있으며, 라이브 방송 때마다 구독자들의 신청곡을 받아 연주해준다. 여기까지만 들으면 조성진이나 김선욱 같은 천재 피아니스트인가 싶지만, 8년 후 그는 피아노와 전혀 다른 분야를 전공하는 대학생이 되었다. 뭐, 피아노를 이렇게 좋아하고 즐기면 됐지. 멋진 연주도 있지만 누구나 즐겁게 들으며 한마디씩 할 수 있는 연주도 의미 깊지 않을까?

워낙 오랫동안 꾸준히 운영했기 때문에 영상도 다양하다. 피아노 커버곡뿐만 아니라 길거리 피아노 치기, 펜 돌리기, 댄스까지, 또래 남학생들이 평소에 즐길 법한 것을 콘텐츠 삼은 영상이 많다. 특히 댄스 영상에서는 춤추는 자신과 피아노 치는 자신을 합성해 1인 2역을 하는데, 이게 인기가 많다. 진지한 얼굴로 걸 그룹 춤을 추는 모습을 보면 '저 (똘)끼를 어째' 싶다. 그래서 유튜버가 된 것이 아닐까?

김사원세끼

▶ 카테고리 : 먹방 / 요리 / 맛집
▶ 콘텐츠 타입 : 익스플레인

추천 영상

떡볶이 찐 매니아가 소개하는 서울 떡볶이 성지 BEST 5
조회수 656,593회 / 2020. 3. 27.

밤늦게 문을 여는 특별한 심야 식당, 주인장 마음대로 술안주를 내어주는 가성비 쩌는 술집
조회수 716,467회 / 2020. 7. 13.

노포 리뷰계의 콜럼버스, 드립계의 메시

구독자 비공개

직장인에게 가장 큰 행복은? 고된 하루 일을 끝내고 가격대 적당한 맛집에서 한잔 걸치며 회포를 푸는 것. 1년 전 혜성처럼 등장해 맛집 소개계의 새로운 블루칩으로 떠오른 〈김사원세끼〉.
외식 인생 10년 차, 직장인 4년 차인 김사원이 여러 번 가본 맛집만 소개한다. 그러다 보니 지역의 한계상 서울 맛집이 많다. 직장인이 맛집 찾아 전국을 돌아다닐 수는 없는 일이니.

자신이 최소 두 번 이상 가고, 맛있게 먹은 집만 올리며 처음 가본 집에서는 찍지 않는다고 한다. 구독자수를 공개하지 않으나 누적 조회수가 무려 2,500만 회에 달하며, 100만 회 이상 시청한 리뷰 영상도 자주 보인다. 맛과 가성비 쩌는 맛집을 소개하는 덕에 믿고 찾는 사람이 많다.
대부분 반주가 당기는 집이어서 주당이라면 구독 필수다.
5분을 넘는 영상이 거의 없으며 광고나 홍보 없이 자신의 꿋꿋한 소신을 가지고 영상을 만드는 것이 특징. 강력한 입담으로 음식을 소개하기 때문에 자신도 모르게 침을 흘릴 수도 있으니 주의.

김생못

▶ 카테고리 : 먹방 / 요리 / 맛집
▶ 콘텐츠 타입 : 브이로그, 푸드

추천 영상

라면 하나로 삼시 세끼 때우는 법
조회수 9,071,642회 / 2019. 4. 1.

고시원러의 가성비 도시락 싸는 방법
조회수 3,342,258회 / 2019. 10. 12.

고시원, 원룸 자취남의 생존 요리 채널

구독자 25.1만 명

'이생망(이번 생은 망했어)'이라며 녹록지 않은 현실을 비꼬는 청년들. 고시원과 원룸에서 '생활'이 아닌 '생존'하는 청년들의 현실 음식을 제대로 보여주는 채널이 〈김생못〉이다.
못생겼다는 뜻으로 닉네임을 지었는데, 실제 얼굴을 공개했을 때 잘생겨서 구독자들에게 원성을 사기도 했다.

'고시원 생존기 1화'에서 '라면 하나로 삼시 세끼 때우는 법'이 여러 커뮤니티에 퍼지면서 곧바로 인기 채널이 됐다. 수박껍질무침, 500원짜리 가성비 도시락, 피클찌개, 치킨무볶음밥 등 생존 음식 만드는 방법을 소개한다. 영상을 보면서 건강을 해치지 않을까 걱정하는 시청자도 많아, 제발 초심을 잃어달라고 요청하는 댓글이 달리기도.
코로나19 팬데믹이 지속되자 결국 집으로 내려가 부모님을 돕고, 자신의 힘으로 고시원에서 탈출해 원룸 월세와 전세까지 마련해가고 있는 그는 현재 삶에 당당하다. 그 모습이 구독자들에게 힘을 주는 듯. 자신의 능력으로 살아가는 모든 청년에게 존경을!

김일오 15KIM

▶ 카테고리 : 리뷰
▶ 콘텐츠 타입 : 익스플레인

추천 영상

뮤비 해석 아이유 팬들이 이번에 뒤통수 제대로 맞고 울고 있는 이유
조회수 1,771,319회 / 2021. 1. 30.

이누야샤 OST를 불렀던 의외의 배우 & 가수들 (추억의 띵곡주의)
조회수 3,367,532회 / 2019. 5. 3.

김일오 15KIM

일오 님 뮤비 해설 절대 못 잃오

구독자 16만 명

토끼 캐릭터가 나와 나노 단위로 뮤비를 해석해주는 채널. 김일오라는 이름은 1월 5일이 생일이라 쓰게 되었다고. 짧지만 여러 의미를 담은 뮤비는 소품부터 무대, 가사, 손짓에 어떤 의미가 담겼는지 알고 보면 감탄하게 되는 경우가 많다. 요즘엔 BTS도 그렇고, 많은 가수의 뮤비에 다양한 내용이 함축되어 있는데, 그의 설명을 듣고 뮤비를 보면 더욱 꿀잼이다.

뮤비를 보러 왔다가 인문학 공부를 하게 되는 채널이기도 하다. 이제는 신곡 뮤비가 나오면 이 채널에 거기 담긴 뜻을 물어볼 정도로 공신력을 얻었다. 구독자들의 뮤비 해석 신청을 받아 곡을 정한다. “꿈보다 해석이 좋다”라는 속담이 있다. 그의 해설이 뮤비로 전하고자 하는 바와 다를 수도 있을 것이다. 하지만 그러면 어떤가? 덕분에 자신의 곡이 더 많은 관심을 받을 수 있으니 좋지 아니한가?

12

꽃보다전한길

▶ 카테고리 : 토크 / 상담
▶ 콘텐츠 타입 : 강의, 동기부여

추천 영상

경계해야 할 나라는 일본이 아니라..

역사를 보면 우리가 가장 두려워할 나라는 일본이 아니다
조회수 1,896,302회 / 2021. 4. 15.

공부자극 동기부여 - 전한길 -

동기부여 공부 자극 전한길 쓴소리 모음
조회수 354,734회 / 2021. 2. 25.

난신적자 참교육하는 국밥플로우 한국사 1타 강사

구독자 11.5만 명

공무원 시험계의 1타 강사 전한길의 공식 유튜브 채널. 그러나 여기서 그의 한국사 강의는 들을 수 없다. 강의 중 샛길로 빠지는 내용만 모아놓았는데, 그게 공시생들에게는 피가 되고 살이 되는 조언인 것. '한길쌤 썰강'과 '한길쌤 쓴소리'를 통해 뼈 때리는 조언을 많이 해준다. 힘든 공시생 생활 중 잠깐 휴식하면서 동기부여를 하고 마음을 다잡기 위해서 보면 딱이다.
아마도 노량진 강사 유튜버 가운데 이렇게 사담만으로 콘텐츠를 알차게 채울 수 있는 강사는 전한길 쌤이 유일하지 않을까?

댓글 중에는 시험 보기 전에는 전한길 쌤의 강의를 듣고, 시험에 합격한 후에는 초심을 잃지 않기 위해 이 채널을 본다는 반응이 많다. 전한길 쌤이 전달하고자 하는 메시지는 하나다.
"힘내라, 그리고 성공해서 행복해지자."

※난신적자(亂臣賊子): 나라를 어지럽히는 신하와 어버이를 해치는 자식을 일컫는 말

13

나몰라패밀리 핫쇼

▶ 카테고리 : FUN / 유머 / 엔터테인먼트
▶ 콘텐츠 타입 : 예능

추천 영상

아이구 - 꼴은날(song by 나 일론 머스크)
테슬라 CEO & 도지파더 SNL 출연 기념 헌정곡
조회수 2,400,828회 / 2021. 4. 29.

아이돌한테 다메다메(馬鹿みたい) 불러줘 봤습니다 | 여기가 ODG
조회수 928,166회 / 2021. 7. 24.

나 일론 머스크 도지 갈끄니끄아~

구독자 18.4만 명

동명의 공연으로 유명했던 〈나몰라패밀리 핫쇼〉는 역주행 채널이라 할 수 있다. 2014년 처음 유튜브 채널을 만들고 노래 영상을 업로드해 인기를 끌었지만, 한동안 방향을 잡지 못하고 결국 활동도 뜸해졌다.

그러다 코로나19가 시작된 2020년부터 유명한 유튜브 영상을 패러디하면서 다시 활동을 시작했다. 다양한 분야에서 최고가 된 53세 김홍남 씨들이 등장하는 '기인터뷰'와 유명 유튜브 채널인 〈odg〉를 패러디한 영상이 그것.
패러디와 부캐라는 유튜브의 핫한 아이템을 장착한 콘텐츠를 올리던 중 일론 머스크의 얼굴에 딥페이크 기술을 사용해 '전남 영광 출생 나 일론 머스크'라는 콘셉트로 올린 영상이 대박을 쳤다. 코인, 주식, 핫한 인물과 패러디 가사 등 유튜브의 인기 공식을 다 가져다 붙인 영상이니 대박 날 수밖에. 역시 유튜브도 다양한 콘텐츠를 시도하며 '존버'하는 게 답이다!

14

냥숲nyangsoop

▶ 카테고리 : 일상
▶ 콘텐츠 타입 : 브이로그

추천 영상

내가 영상으로 일상을 기록하는 이유 | 냥숲 vlog
조회수 146,554회 / 2021. 5. 5.

냥숲 요리 영상 음식 모음 - 봄春
조회수 3,759,856회 / 2020. 8. 14.

냥숲nyangsoop

숲속 작은 집의 요리와 생활, 힐링 맛집

구독자 77.3만 명

도시의 자극에 지쳐 영화 〈리틀 포레스트〉 주인공처럼 살고 싶은 사람, 손! 그리고 이 채널을 구독해보자. 〈냥숲〉은 숲속 작은 집에서 고양이와 함께 맛있는 요리를 하며 살아가는 일상을 나누는 채널이다.

소소하지만 예쁜 하루하루를 기록한 영상은 자연과 더불어 살아가는 모습을 봄·여름·가을 카테고리로 나누어 보여준다. 궁극의 슬로 라이프 채널이라 할 수 있다. 소품 하나, 요리 도구 하나도 정성스럽게 골랐을 것 같은 〈냥숲〉의 콘텐츠는 주로 요리와 인테리어. 여기에 가끔 주인 고양이 님 등장해주신다.
문명의 이기는 사용할수록 더욱 심한 갈증을 부른다. 이 갈증을 해소하려 더 많은 물건, 더 비싼 물건을 욕망하며, 이 때문에 바쁘고 스트레스 가득한 삶을 살아가곤 한다. 삭막한 삶에 지쳐 아파트 화단에서만 자연을 느끼는 생활에서 벗어나고 싶다면 그녀의 일상을 통해 함께 힐링해보자. 그냥 보는 것만으로 위안받는다.

15

널 위한 문화예술

▶ 카테고리 : 이슈 / 정보 / 뉴스
▶ 콘텐츠 타입 : 익스플레인

추천 영상

예술을 뒤바꾼 '벌거벗은 여인'
조회수 1,002,964회 / 2020. 6. 24.

슬기로운 의사생활 장겨울 쌤!! 신현빈 배우님이 전하는 '원피스의 역사'
조회수 21,819회 / 2020. 10. 5.

예술 이야기를 맛깔나게 전달하는 스타트업 채널

구독자 23만 명

예술 이야기를 맛깔나게 해주는 채널. 초기 영상은 지금처럼 문화예술을 주제로 한 것이 아니었다. 종이접기로 유명한 김영만 씨와의 인터뷰가 아직도 영상으로 남아 있는 상태. 그러다 딱딱한 그림 이야기를 재미있게 소개하는 채널로 방향을 잡았고, 이것이 인기를 끌며 탄탄하게 자리 잡게 되었다.

딱딱하고 어려운 미술사·예술론·비평에서 탈피해 그림을 보는 법, 그림과 관련한 뒷이야기를 마치 비밀을 파헤치듯 재미있게 보여준다. 하나의 전시를 다각적으로 바라보기도 하며, 매달 꼭 가볼 만한 전시 TOP 4도 선정해서 올린다.
스타트업인 만큼 다양한 시도를 하는데, 한예종 미술이론과를 나오고 〈슬기로운 의사 생활〉의 장겨울 선생으로 유명한 신현빈 배우와 함께 원피스의 역사를 알아보는 영상도 있다. 채널명과 같은 제목을 단 책도 베스트셀러로 등극했다.

논리왕 전기

▶ 카테고리 : 토크 / 상담

▶ 콘텐츠 타입 : 라이브, 인물

추천 영상

생) 안녕하세요 오늘 컨텐츠는.

조회수 166,238회 / 실시간 스트리밍 시작일 : 2021. 8. 15.

토크온이 집보다 편한 아이

조회수 2,523,513회 / 2020. 12. 22.

논리왕 전기

토크온의 황태자가 유튜브로 넘어왔다!

구독자 91.1만 명

2021년 가장 핫했던 웹 예능 〈머니게임〉의 라이징 스타. 네이트의 음성 채팅 서비스 '토크온'에서 활동하며 이름을 알렸다. 채널명은 논리왕 전기지만, 아이콘의 무(無)를 합치면 무논리왕 전기가 된다고. 즉 논리 없이 아무 말이나 한다는 뜻. 하지만 실제로는 차분한 말투로 상대의 논리를 깨부수곤 한다.

〈머니게임〉 1회 방영 후 한 달 만에 구독자수가 11만 명에서 100만 명을 넘었다가 다시 소폭 줄었다. 자신만의 논리를 바탕으로 말투는 정중하지만 상상을 뛰어넘는 말장난을 하며 풀어가는 그의 토크를 좋아하는 시청자가 굉장히 많다.
댓글 중에는 '개그맨 이수근이 배우 정우성 목소리로 드립을 친다'라는 내용이 있을 정도. 그러나 반대로 그의 논리를 좋아하지 않는 사람들에게서는 강한 공격을 받기도 한다.
주로 라이브로 진행하며, 이를 편집해 올린다. 주제는 다양한데, 여러 유튜버와 공동 방송을 자주 한다.

17

닥신TV

▶ 카테고리 : 자동차
▶ 콘텐츠 타입 : 리뷰, 브이로그

추천 영상

중고차 입문자를 위한 필수 이론 정리 TOP20
조회수 927,311회 / 2021. 1. 9.

전기차 제네시스 g80 보면서 느낀 점
조회수 155,319회 / 2021. 7. 18.

닥신TV

중고차 고를 땐 여기가 바이블

구독자 31.1만 명

'닥터 신'이어서 닥신을 채널명으로 정했다. 의사지만 의학 관련 콘텐츠는 거의 찾아볼 수 없고, 주로 중고차를 분석한다. 중고차를 사는 게 중고 인생은 아니라는 신념으로 중고차 리뷰를 한다. 실제 의사임에도 알뜰함을 장착한 것이 특징. 가끔은 타보지 않은 신차를 홈페이지에서 보고 방구석 리뷰를 하는데, 생각보다 날카로운 시각으로 정보를 전달하곤 한다. 또 지인들의 차를 함께 타면서 리뷰를 하는데, 실제로 사람들이 평소 자주 타는 차종을 선정하기 때문에 매우 유용하다.

이 외에도 맛집 소개, 코스트코 소개, 일상 브이로그 등을 올린다. 내돈내산 물건의 설치법과 사용기도 많아졌다. 목소리와 딕션이 좋아 ASMR용으로 사용해도 좋다. 일반적으로 생각하는 전문 직종의 차가운 이미지와 달리 인간미가 물씬 풍긴다. 광고를 절대 받지 않고 자신이 하고 싶은 콘텐츠만 뚝심 있게 풀어나가기 때문에 구독자들의 충성도가 높다.

18

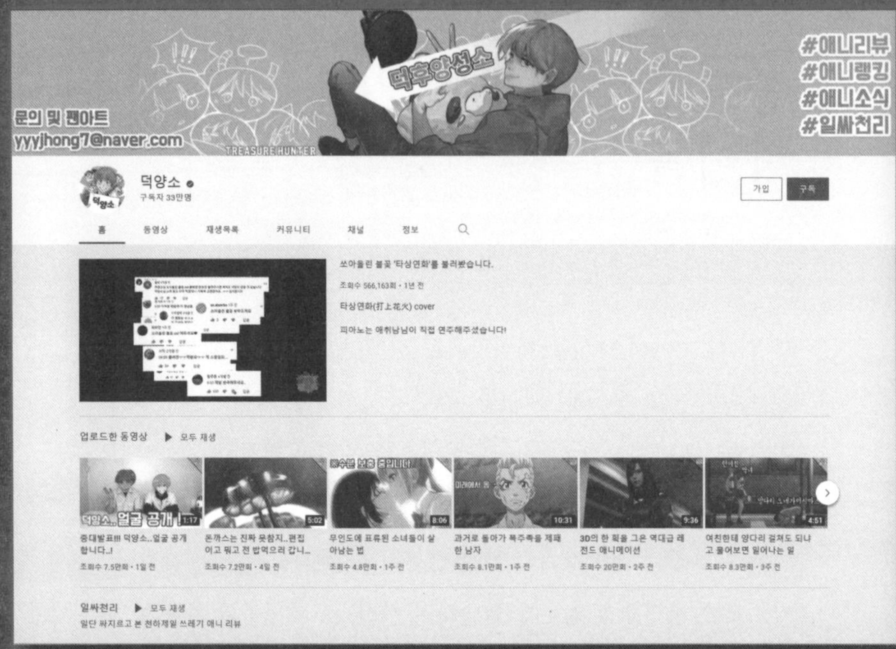

덕양소

▶ 카테고리 : 리뷰
▶ 콘텐츠 타입 : 익스플레인

추천 영상

아픈 게 싫어서 방어력에 '올인'해버렸는데
이게 무슨 일?
조회수 4,506,539회 / 최초 공개: 2020. 1. 21.

[일싸천리] 미완성본을 업로드한 전대미문의
쓰레기 애니
조회수 1,006,512회 / 최초 공개: 2020. 7. 19.

덕양소

내 또래 3040 남자들 다 이거 본다!

구독자 34.1만 명

‘덕후 양성소’의 줄임말인 〈덕양소〉 채널. 애니판 〈출발 비디오 여행〉이랄까. 기본적으로 일본 애니메이션을 리뷰하지만 국내 애니메이션과 넷플릭스에서 소개하는 애니메이션도 함께 추천한다. 꿀잼 애니를 찾는 덕후라면 이 채널이 친절한 안내서가 되어줄 것. 또 소개한 작품에는 애니메이션 스트리밍 서비스 ‘라프텔’의 링크를 달아 리뷰를 본 후 바로 감상할 수 있다.

여러 코너가 있는데, 백미는 ‘일싸천리’ 코너. ‘일단 싸지르고 본 천하제일 쓰레기 애니 리뷰’라는 문장을 줄여 코너명을 만들었다. 병맛 애니를 모아 리뷰하는데, 자근자근 씹는 맛으로 애니를 즐기고 싶다면 이 코너에서 소개한 애니를 찾아보자.
〈덕양소〉에서는 애니메이션 리뷰를 하는 한편, 새로 개설한 〈애니띵〉 채널에 피겨 언박싱과 굿즈 숍 탐방 콘텐츠를 올리고 있다. 운영자의 꿈은 자신만의 피겨 숍을 여는 것이라고. 탄탄한 구독자층을 바탕으로 하니 실제로 가게를 열면 대박 날 듯.

YouTube TREND 2022

19

동갑내기 영농일기

▶ 카테고리 : 일상
▶ 콘텐츠 타입 : 브이로그

추천 영상

[동갑내기 영농일기] 다급한 남편을 탄생시킨 감자밭 내기의 결말은?!
조회수 522,406회 / 2020. 7. 5.

[VLOG] 24살 임산부의 쉴 틈 없는 육아일기 | 비빔국수먹방 |
조회수 319,924회 / 2021. 6. 30.

농촌물인데 가족 시트콤, 환상의 짝꿍이 아니라 환장의 짝꿍

구독자 12.4만 명

여린 모습으로 씨름에서 냅다 상대방을 메다꽂은 그녀에게 한눈에 반했다는 승재 씨와 예쁘고 여무진 혜린 씨는 98년생 부부.
벌써 두 아이(한 아이는 현재 임신 중)의 부모이며, 농촌에서 소를 키우며 살고 있다. 채널에는 우아한 시골 생활이 아니라 현실판 영농 생존기를 올린다.

2020년 6월 말에 KBS 〈인간극장〉에 출연했고, 2021년 10월 말에는 tvN의 〈유 퀴즈 온 더 블럭〉에도 나왔다. 현재 살고 있는 충북 괴산군에서는 인기 많은 셀럽이다. 채널 구독자를 영농이라고 부르며 농사 꿀팁과 여물이 육아일기 브이로그를 콘텐츠로 올리고 있다.
댓글 내용은 둘의 생활을 응원하는 것이 대부분이다. 어려운 농촌 생활이지만 씩씩하게 살아가는 둘의 모습에서 힘을 얻는다는 반응이 많다. 전직 역도 선수인 부인과 종잇장 같은 남편의 티격태격 케미와 '~잉'으로 끝나는 혜린 씨의 구수한 전라도 사투리가 보는 동안 저절로 웃음 짓게 만든다. MZ 스타일 〈전원일기〉랄까.

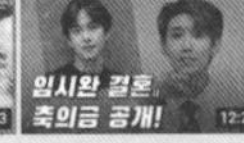

딩동댕대학교

▶ 카테고리 : 토크 / 상담
▶ 콘텐츠 타입 : 예능, 토크

추천 영상

유사 명문 딩동댕대학교 홍보 영상(official)
조회수 45,822회 / 2021. 2. 16.

1초마다 뼈 맞아봤니? 오은영 요정의
[우리 연애가 달라졌어요]
조회수 851,968회 / 2021. 4. 1.

EBS 미친 거 아니야!? '아가리 빡세게 닦으면 나가리!?'

구독자 9.26만 명

EBS 〈딩동댕 유치원〉을 처음 본 어린이 친구들은 지금 몇 살이나 됐을까? 어느새 청년이 된 그 시절 딩동댕 친구들을 위한 채널. 그래서 이름도 딩동댕대학교다. 어른이들을 위한 유사 명문 대학이라는 슬로건처럼 어른이들이 궁금해할 만한 다양한 주제를 다룬다. 매주 화요일, 목요일 업데이트.

낄희 교수와 철 조교의 진행에 연애 특강, 실전 성교육 등 어른이에게 꼭 필요한 지식을 전달한다. 어릴 때부터 친근한 인형들 외에도 황광희나 표창원 전 국회의원, 오은영 선생님 등이 나와 호구 잡히지 않는 법, 현실 연애 실전 팁 같은 2030의 찐 고민을 함께 풀어준다. 유튜브용 웹 예능으로 보일 수도 있지만, 〈딩동댕대학교〉는 EBS의 정체성을 유지하고 있다. 즉 교육적이다. 성교육, 연애 고민, 안전 이별, 취업 등과 관련한 지식이 필요한 20대에게 교육용으로 강추하고 싶은 채널이다.

21

땡깡DanceKang

▶ 카테고리 : FUN / 유머 / 엔터테인먼트
▶ 콘텐츠 타입 : 커버, 댄스

추천 영상

카메라 무빙.zip
조회수 3,758,625회 / 2021. 6. 12.

[4K] 에스파 '넥스트 레벨' 풀커버(aespa 'NEXT LEVEL' full ver.)
조회수 2,033,446회 / 2021. 7. 10.

땡깡DanceKang

아이돌이 집 찾아가서 '콜라보'하는 미친 채널

구독자 47.6만 명

원샷 원킬. 그가 추는 K-팝 아이돌 댄스를 보면 1분짜리 영상 수십 개는 순삭하게 된다. 집 거실에서 찍고, 스타일 코스프레도 엉성하지만 능청스럽게 추는 춤과 화려한 카메라 무빙으로 저절로 감탄하는 채널.

땡깡이라는 채널 이름은 '댄스'와 자신의 이름 이강빈의 가운데 글자를 따서 지은 것이라고. 춤을 워낙 잘 춰 이제는 아이돌이 직접 땡깡네 집으로 와서 같이 춤추며 신곡을 홍보할 정도다.
그와 '콜라보'한 K-팝 스타는 현아, 전소미, 잇지의 예지, 우주소녀, 몬스타엑스 등이다.
가끔 여동생과 함께 듀엣 댄스 영상을 올리는데, 코믹한 설정과 댄스 실력이 압권이다. 보통 〈땡깡〉의 댄스 영상은 모두 이 여동생이 촬영하고 편집한다고. 핸드폰 하나로 찍지만 웬만한 음악 방송 카메라 감독보다 카메라 무빙이 좋다는 평이 많다. 가성비 갑 영상을 만들고 싶은 유튜버라면 영상 무빙을 참고해보자.

22

라오스 오지마을 한국인

▶ 카테고리 : 여행
▶ 콘텐츠 타입 : 브이로그

추천 영상

오지 마을 '그냥 지나칠 수 없는 편' 라오스(여행)
조회수 1,902,481회 / 2020. 10. 27.

베트남? 필리핀? 과거를 여행한다
오지 마을 라오스
조회수 1,441,637회 / 2020. 10. 13.

우용이 형은 계속 나가 있어, 채널 떡상하고 싶으면

구독자 17.4만 명

전기도 없다. 도시가스도 없다. 한 유튜버는 그를 만나러 갔다가 3일 만에 나왔다고. 이런 곳에 한국 청년이 살고 있다. 〈라오스 오지마을 한국인〉이라는 채널의 이름을 줄여 '라오한'이라 불리는 그가 이곳에 정착하게 된 것은 코로나19 때문. 태국에서 결혼한 친형을 만나기 위해 라오스를 경유해 태국으로 가던 중 코로나19로 국경이 폐쇄되면서 지금까지 라오스에 머무르게 되었다.

영상은 대부분 라오스 시골 '반나' 마을 아이들과 함께하는 에피소드를 담은 것이다. 아이들과 같이 물고기도 잡고 간식도 만들어 먹는다. 그는 유튜브 영상을 찍기 시작할 때부터 마을 사람들에게 채널 수익금을 마을에 환원하겠다고 이야기했다. 실제로 수돗가나 화장실 건설 등 자신이 한 말을 지키고 있다. 라오한은 마을 사람과 아이들의 바람대로 코로나19가 잦아든 이후에도 이곳에서 살아갈까? 아이들에 대한 애정이 묻어나는 그의 영상을 보면 분명 그럴 것 같다.

래춘씨 생존기

▶ 카테고리 : 여행
▶ 콘텐츠 타입 : 브이로그, 익스플레인

추천 영상

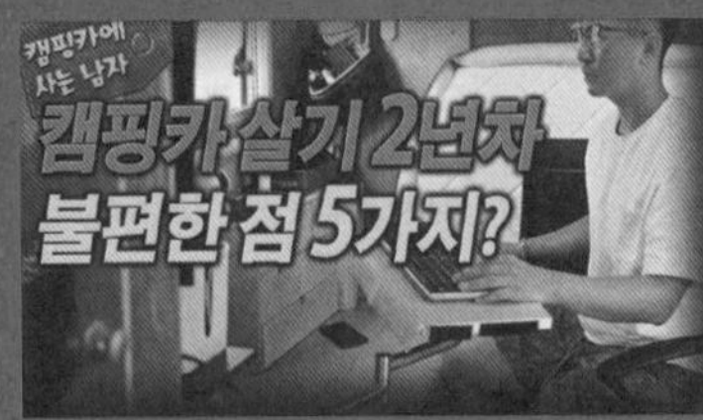

캠핑카 살기 2년 차 불편한 점 5가지?
조회수 2,690,864회 / 최초 공개: 2020. 2. 10.

영하 10도에 캠핑카에 살기?
조회수 1,615,019회 / 최초 공개: 2018. 12. 24.

주민등록상 주소지가 너무 궁금해지는 채널

구독자 9.47만 명

10년간 잘 다니던 대기업을 행복하지 않다는 이유로 그만둔 후 캠핑카를 타고 훌쩍 떠나버린 사람. 바로 래춘 씨다. 그의 채널은 캠핑카 라이프에 대한 장단점을 여과 없이 보여주는 '리얼 캠핑카 라이프 참고서'라 할 만하다. 동가식서가숙하는 래춘 씨는 자신의 공간을 참으로 알차게 꾸며간다.
왠지 그의 생활에서 영감을 받았을 것만 같은 TV 예능 프로그램 〈바퀴달린 집〉에서는 출연자가 매일 아침 달라지는 집 앞 풍경을 보며 행복해하는 모습을 볼 수 있는데, 따뜻한 커피와 함께하는 자연 풍경은 왠지 그처럼 보헤미안의 삶을 꿈꾸게 한다.

그는 채널에서 3년간의 캠핑카 생존기를 통해 캠핑카를 준비하는 사람들에게 다양한 정보를 제공한다. 줄 서본 적 없고, 출퇴근 시간은 단 6분. 어디든 가고 싶은 곳에 갈 수 있고 고정비용이 없어 저렴하다. 얼핏 생각하기엔 편리할 듯하지만 캠핑카는 만만치 않게 불편하다. 부족한 물과 전기, 주차, 소음, 쓰레기, 벌레 등은 캠핑카에서 사는 사람들에겐 고질적인 고민거리다.

매직청소TV

▶ 카테고리 : 이슈 / 정보 / 뉴스
▶ 콘텐츠 타입 : 하우투

추천 영상

주방 후드 청소 3분 만에 새것같이 만들 수 있는 청소 방법
조회수 3,084,172회 / 2020. 10. 19.

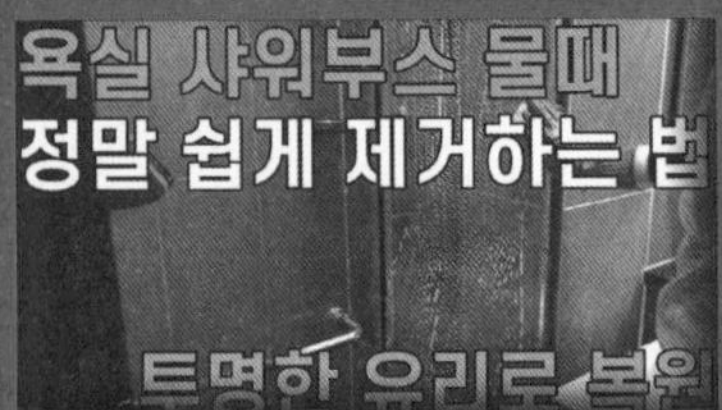

욕실 샤워부스 물때 제거/ 지긋지긋한 유리 물때 완벽히 없애는 방법
조회수 2,814,357회 / 2020. 11. 8.

매직청소TV

영상 보다 변비가 해결됐어요

구독자 43.2만 명

스트레스를 받으면 청소로 푸는 사람들이 있다. 깨끗해진 집 안을 보면 자신도 모르게 기분이 좋아지며 카타르시스를 느낀다고. 혹시 당신이 직접 청소를 하기는 싫지만 이런 카타르시스를 느끼고 싶다면 이 채널을 꼭 볼 것.

1인 기업 등 소상공인 홍보 채널로 시작한 〈매직청소TV〉가 무려 37만 명이나 되는 구독자를 거느린 것은 꼭 필요한 알짜 청소 노하우 덕분. 과탄산소다, 매직블록 등 누구나 갖고 있는 제품을 활용한 청소 노하우는 바로 따라 하고 싶은 충동을 느끼게 한다. 그만큼 쉬우니 대청소할 계획이 있다면 바로 이 채널의 노하우를 살펴보자. 청소 장소도 화장실 곰팡이부터 냉장고 손때, 모니터 액정까지 다양하다. 청소 노하우를 이렇게 공개해도 될까 싶지만, 그만큼 많은 노하우를 갖고 있는 사장님이라면 우리 집 청소를 맡겨도 될 듯한 신뢰감이 생긴다. 소상공인들이 참고할 만한 최고의 브랜딩 채널.

25

민쩌미

▶ 카테고리 : FUN / 유머 / 엔터테인먼트
▶ 콘텐츠 타입 : 예능

추천 영상

쩜 찍고 다시 나왔다
조회수 763,566회, 2021. 7. 17.

나만의 쩌미 꾸미기 : 옷 입히기 코디하기
조회수 634,952회 / 2021. 8. 31.

민쩌미

초·중딩의 지니 언니가 새롭게 채널을 판 이유

구독자 18.8만 명

유딩들에게 캐리 언니가 있었다면, 초딩들에게는 밍꼬발랄이 있었다! 이제는 누구나 아는 캐리 언니 사건. 출연자가 브랜드가 되며, 소속사 계약이 끝나자 결국 자신의 채널로 독립해 나왔다. 지금 유아들에게 가장 인기가 많은 〈헤이지니〉 채널의 탄생 배경이다.

구독자수 100만 명이 넘는 〈밍꼬발랄〉 채널도 마찬가지.
〈밍꼬발랄〉의 콘텐츠 그 자체인 박민정 씨는 민쩌미라는 이름으로 새롭게 활동을 시작했다. 소속사와의 계약이 종료되었기 때문.
밍꼬발랄이 점 찍고 다른 사람이 되었다는 설정, 왠지 익숙하지 않은가?
〈밍꼬발랄〉 채널과 구분하기 위해 코너명에 '쩜'을 붙였다.
지난 8월에 오픈한 채널은 1개월 만에 15만 명의 구독자를 확보했다.
그만큼 밍꼬 언니의 브랜드 파워가 강력하다는 의미.
〈민쩌미〉 채널에서도 초딩들의 다양한 친구 고민, 관계 고민을 상담해준다. 앞으로 초딩들을 위해 어떤 이야기를 풀어갈지 기대된다.

26

발명! 쓰레기걸 Trash girl

▶ 카테고리 : FUN / 유머 / 엔터테인먼트
▶ 콘텐츠 타입 : 예능, 푸드

추천 영상

완전 빡치는 물건만 들어 있는 쓰레기 뽑기 만들기
조회수 4,159,938회 / 2020. 8. 7.

실버 버튼 살인마의 브이로그
조회수 1,316,312회 / 2021. 3. 3.

발명! 쓰레기걸 Trash girl

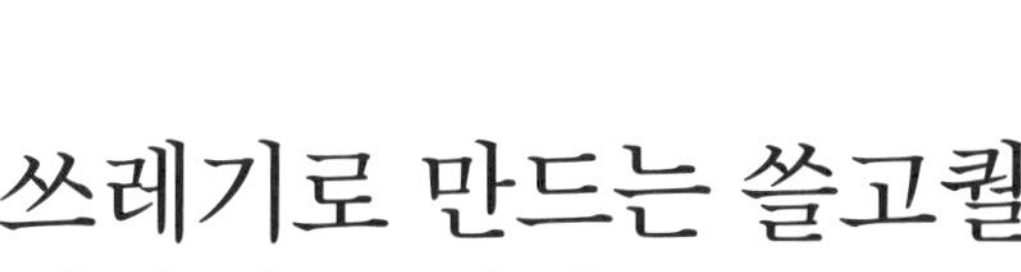

쓰레기로 만드는 쓸고퀄 리사이클 채널

구독자 44.6만 명

초등학생의 기획력과 대학 졸업반의 퀄리티로 만든 기괴 발랄한 리사이클 제품이 가득한 채널이다. 이 채널의 주인공 쓰레기걸은 곰팡이가 잔뜩 핀 쓰레기 과자집, 각종 쓰레기만 들어 있는 뽑기 기계, 대머리 마네킹 머리로 만든 도시락 통 등 경이로울 정도로 쓸모없지만, 비주얼 면에서 재미있는 발명품을 만들어 보여준다. 구독자수에 비해 영상이 많지 않지만, 그만큼 고퀄이라는 것이 특징이다. 어릴 때 아이클레이 학원에 다녀 작품 퀄리티가 높다는 쓰레기걸의 고백에 그 학원을 찾아달라는 요청이 쇄도하기도.

채널을 운영하는 것은 쓰레기걸과 친구 똥.
이 외에도 친구 참외와 문학소녀 등이 주 캐릭터다. 실버 버튼을 받은 후 유난 떨지 않겠다면서도 카페까지 가져가 자랑하는 영상에서 그녀들의 엉뚱함이 엿보인다. 과연 다음엔 어떤 은은한 광기가 서린 발명품을 보여줄지 기대하게 된다. 여담으로 10CM의 권정열이 쓰레기보이라는 이름으로 찬조 출연한다.

27

백년밥상TV

▶ 카테고리 : 먹방 / 요리 / 맛집
▶ 콘텐츠 타입 : 푸드, 하우투

추천 영상

새우젓 냉장 보관하고 계시면 당장 꺼내시기 바랍니다
조회수 3,612,548회 / 2020. 4. 25.

계란의 모든 것! 이것만 숙지하세요
조회수 2,457,527회 / 2020. 11. 5.

우리 엄마 따뜻한 잔소리가 그리울 때, 백년밥상TV

구독자 30.7만 명

요리 재료 손질·보관법 꿀팁을 중점적으로 전수해주는 채널. 어떤 재료가 신선한지, 오래 삶으면 안 되는 감자는 어떤 것인지 등의 정보를 소개한다. 요리 만드는 법을 소개하는 채널은 많지만, 좋은 재료를 고르고 손질하고 보관하는 법을 알려주는 채널은 많지 않다. 요알못을 초보 요리꾼으로 탈바꿈시키는 데 필요한 2대 채널 중 하나(다른 하나는 다들 아시다시피 〈백종원의 요리비책〉 채널).

'절대 먹지/사지 마세요'가 들어간 썸네일로 시청자들의 궁금증을 자극한다. 썸네일만 봐도 좋은 재료 고르는 팁을 바로 알 수 있는 것이 특징. 일상에서 쉽게 구할 수 있는 재료가 조회수를 높이는 데 중요한 요소로 작용한다. 소개하는 요리법 또한 부모님이 흔히 만들어주는, 두고두고 먹을 수 있는 반찬 레시피다.
열심히 만든 오이무침에 물이 잔뜩 생기거나, 냉장고에 넣어둔 멸치볶음이 돌처럼 딱딱하게 굳었다면? 여기서 해결책을 찾아보자.

28

백앤아 - 남매튜브

▶ 카테고리 : 게임
▶ 콘텐츠 타입 : 리뷰, 토크

추천 영상

구독자는 과연 백앤아를 어떻게 생각할까?ㅋㅋ
조회수 2,449,757회 / 최초 공개 : 2021. 2. 11.

백앤아는 진짜 남매일까? 사실은.
-백앤아 퀴즈 점프맵-
조회수 1,081,674회 / 최초 공개 : 2021. 1. 26.

백앤아-남매튜브

현실 남매의 케미 가득한 클린한 게임 방송

구독자 32.2만 명

실제 친남매인 백현과 아름이 진행하는 '로블록스(Roblox)' 게임을 중계한다. 거의 매일 업로드하는데, 모든 영상의 조회수가 10만 회 이상을 기록하는 인기 채널이다. 처음에는 먹방 채널로 시작했지만, 반응이 없어 게임 방송으로 바꿨다. 여러 게임 중 로블록스를 중심으로 다루는데, 그중에서도 주로 점프맵이나 스토리게임을 다룬다.

게임을 소개할 때 남매의 찐 케미가 돋보이는 상황극을 보여준다. 둘 다 입담이 좋아 게임을 재미있게 플레이하는 것뿐만 아니라, 공포 게임도 코미디로 바꾸어버리는 재치를 발휘한다.
덕분에 보는 내내 피식피식 웃게 된다고. 최근에는 초등학교 4학년 수준의 수학 문제를 풀며 진행하는 타워 게임을 방송해 교육적 요소도 갖추었다는 반응을 얻고 있다.
유행어는 쓰지만 절대 욕을 하지 않는 클린 유튜버로 유명하다.
영상은 TV애니맥스 채널에서도 방영한다.

29

별고래_StarWhale

▶ 카테고리 : 게임
▶ 콘텐츠 타입 : 리뷰, 익스플레인

추천 영상

도시 건설 게임 하수처리 시설로 데스매치 성사 가능할까?
조회수 1,688,789회 / 최초 공개 : 2019. 4. 1.

개발자님 막아놓으면 못 쓸 줄 알았습니까?
조회수 1,210,463회 / 최초 공개 : 2020. 11. 20.

별고래_StarWhale

나는 한 놈만 조져 - 타이쿤

구독자 22.8만 명

도시 전체를 똥물로 가득 채운다면 무슨 일이 일어날까? 각종 타이쿤 게임을 소개하는 〈별고래〉는 도시 건설 시뮬레이션 게임을 주로 리뷰하는 채널이다. 게임 내에서 불가능하게 막아놓은 요소를 외부 프로그램 없이 상상하지 못한 방법으로 어떻게든 뚫어버리며 플레이하는 것으로 유명하다. 대부분 도시를 만드는 시티즈 스카이라인(Cities : skylines)과 함정집을 만드는 러스트(Rust)를 한다.

평범한 사람들은 생각해낼 수 없는 엽기적인 플레이가 특징. 예를 들어 도시 건설 게임에선 두 도시를 건설한 뒤 하수처리장을 상대 도시에 놓고 서로를 침몰시키는 대결을 하는 식이다.
이 외에도 함정집에 외국 게이머를 가둔 뒤 미적분이나 한글을 가르치는 콘텐츠가 유명하다. 가끔은 제대로 된 도시를 만들어 멋진 야경을 보여주는데, 실제 도시에도 적용하면 좋겠다는 내용의 댓글이 달릴 정도로 리얼하다. 그 정도로 창의력 넘치는 플레이와 다양한 도시, 놀이동산을 구경할 수 있다.

30

산하의 썸데이 TV

▶ 카테고리 : 이슈 / 정보 / 뉴스
▶ 콘텐츠 타입 : 익스플레인

추천 영상

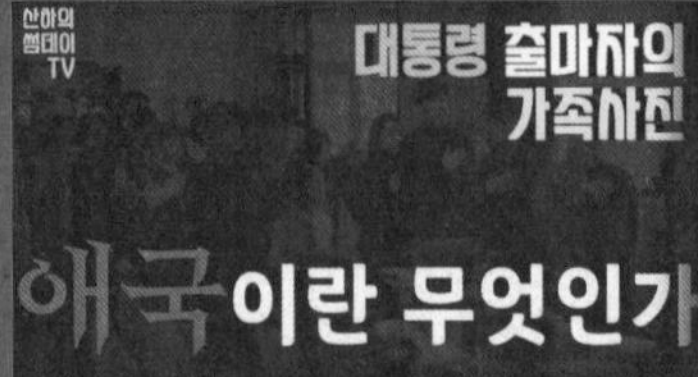

[썸데이 토크] 대통령 출마자의 가족사진, 애국이란 무엇인가
조회수 1,204회 / 2021. 8. 5.

산하의 썸데이 TV
1980.7.8 : 사상 최악의 미스 유니버스
추악한 학살과 미의 제전

[산하의 오역] 1980. 7. 8 : 사상 최악의 미스 유니버스
조회수 1,259회 / 2021. 7. 11.

일상의 사소함이 모여 거대한 역사의 강을 이룬다

구독자 3.03천 명

〈시사 IN〉 주간지 구독자라면 익숙한 이름. '딸에게 들려주는 역사 이야기'로 유명한 산하가 유튜브를 시작했다. 자신은 아이템과 내레이션을 맡고, 편집은 아내와 딸이 담당하는 가내수공업이지만, 그가 소개하는 매일의 역사는 이 시대 우리의 모습을 비춰준다. 오늘의 역사이다 보니 거의 매일 영상이 올라온다. 이왕 시작했으면 뚝심을 갖고 꾸준히 해야 한다는 어부인의 말씀에 충실히 따르는 남편이기도 하다.

그가 소개하는 내용은 세밀한 디테일로 유명한데, '어떻게 그것까지 기억할 수 있어?' 싶은 에피소드가 꿀잼이다. "특별하지 않아도, 결코 빛나지는 않아도 우리 일상이 모이면 역사가 됩니다"라는 소개글이야말로 이 채널을 관통하는 핵심이다. 우리가 만들어가는 하루하루가 역사라는 것, 그렇기에 사람이 가장 소중하다는 것을 느끼게 해준다. 그의 글을 좋아하는 사람이라면 채널도 꼭 구독해보길.

31

섬마을훈태TV

▶ 카테고리 : 먹방 / 요리 / 맛집
▶ 콘텐츠 타입 : 리뷰

추천 영상

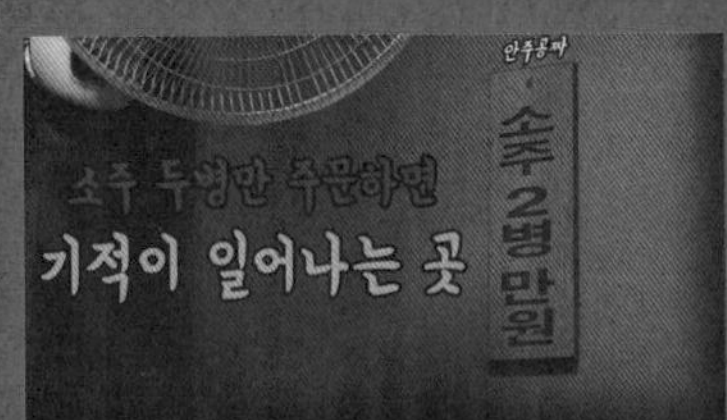

살다 살다 이런 술집은 처음입니다. 무조건 손해 보는 식당
조회수 2,286,186회 / 2020. 10. 14.

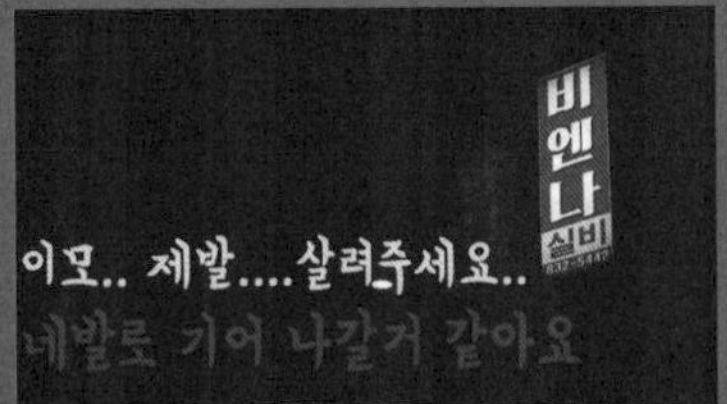

술안주가 파도처럼 밀려오는 삼천포 비엔나 실비를 다녀왔습니다
조회수 1,250,709회 / 최초 공개 : 2019. 12. 6.

섬마을훈태TV

훈태는 술 당기는 맛집 아니면 안 가

구독자 39.3만 명

경상도 음식은 맛없다는 편견을 깨는 채널. 자신이 살고 있는 거제를 중심으로 부울경 인근 맛집과 술집, 노포를 소개하는데, 시청자와 함께 맛집을 찾아가는 맛방을 한다. 소개하는 곳은 술과 함께 식사하는 선술집과 실비집이 대부분이며, 술을 좋아해 영상을 찍는 도중 거의 반주를 한다.
그의 영상을 틀어놓고 집에서 소주 한잔하면 딱이다.

술을 마시다 보면 자연스럽게 자신의 고민을 털어놓게 된다.
이런 콘셉트로 시청자들의 고민 상담을 해주는데, 다만 구독자의 90%가 남자이기 때문에 연애 상담에서 진지한 답변을 기대하면 안 된다고.
소개하는 음식점이 대부분 노포라 깔끔하고 세련된 분위기와는 거리가 있다. 함께하는 구피디와 찍쏘행님과 나누는 대화가 개그물 뺨치게 재밌다. 사람 냄새 나는 맛집을 좋아한다면 구독 필수!

술맛여행놈

▶ 카테고리 : 먹방 / 요리 / 맛집
▶ 콘텐츠 타입 : 리뷰

추천 영상

술쟁이가 추천하는 제주도 맛집 무려 TOP 33
조회수 1,129,436회 / 2020. 6. 26.

술쟁이가 엄선한 현지인 부산 맛집 추천 BEST 11
조회수 474,162회 / 2020. 7. 24.

술맛여행놈

내 여행의 목적은 술과 맛이다

구독자 8.64만 명

'여행은 먹으러 가는 것이다'라는 명제에 충실한 콘텐츠를 다룬다. 술맛 나는 맛집을 주로 리뷰하며, 자신이 주당이라고 홍보라도 하듯 참이슬 오리지널을 프로필 사진으로 내세운 그는 소주·맥주 먹기에 좋은 맛집을 소개한다.

직접 가서 먹은 집 중 맛있는 집, 술이 잘 들어가는 집, 경치 좋은 집, 가성비 좋은 집 등은 물론이고 비싼 집, 별로인 집, 불친절한 집도 가감 없이 소개한다.
주 활동 무대는 서울, 제주, 속초, 부산.
식당의 위치와 메뉴, 각종 밑반찬 등을 소개하고, 어떤 밑반찬이 가장 맛있는지 최고의 조합까지 자세히 설명해준다.
가게를 리뷰할 땐 칭찬뿐만 아니라 분위기, 냉방 등 개선해야 할 부분도 함께 이야기한다. 음식이 맛없거나 평범한 맛일 때 나긋나긋한 목소리에서 흔들림이 살짝 느껴지는 건 기분 탓일까.

33

썰푸는 그림쟁이툰

▶ 카테고리 : FUN / 유머 / 엔터테인먼트
▶ 콘텐츠 타입 : 영상툰, 드라마

추천 영상

(사이다툰) 우리를 싫어하는 진상 선생님의 최후
조회수 1,032,386회 / 2020. 7. 26.

(사이다툰) "초딩이 1억 없으면 그지지ㅋ"라는
금수저 잼민이 사이다 날리기!
조회수 1,173,191회 / 2021. 6. 1.

99%의 영상 조회수가 구독자수보다 많은 채널, 왜?

구독자 25.4만 명

시청자가 제보하는 사연을 영상툰으로 만들어 올린다. 사이다 먹은 것처럼 막힌 체증이 쑥 내려간다는 '사이다툰'이 주특기다. 주요 시청 연령층이 학생인 만큼 사연 신청자는 주로 학생이다. 문제를 일으키는 등장인물은 아저씨, 아줌마, 선생님, 일진, 개념 없는 초등학생 등.
아이의 의견은 무시한 채 게임과 외출에 심지어 친구 만나는 것까지 금지하는 엄마, 편의점에서 공짜로 음식을 달라는 진상 손님, 엄마 몰래 카드로 게임에 현질하며 1,000만 원을 쓴 초등학생 스토리 등 다양한 진상 캐릭터가 등장한다. 물론 재미를 위한 과장이 섞여 있지만, 실제로 주변에 한두 명쯤 있을 것 같은 느낌이 든다.

아동용 학습 만화를 보는 듯 동글동글한 캐릭터가 친근함을 주는데, 학부모에게도 추천한다. 요즘 아이들이 생각하는 꼰대 어른 유형을 바로 알 수 있다. 혹시… 나도?

쓰레기왕국

▶ 카테고리 : 일상
▶ 콘텐츠 타입 : 하우투, 브이로그

추천 영상

[Eng] 플라스틱 없는 욕실 만들기. 욕실용품 추천템
조회수 1,032,386회 / 2020. 7. 26.

2,000원 이하 가성비 다이소 제로 웨이스트 추천템. 구매팁
조회수 1,173,191회 / 2021. 6. 1.

언제까지 쓰레기 왕국의 국민으로 살 텐가?

구독자 6.99만 명

태평양의 거대 쓰레기 지대 면적은 남한의 무려 16배에 이른다. 우리가 쌓은 쓰레기 산은 지구를 신음하게 만든다. 채널 이름 쓰레기왕국은 지구를 말한다.

채널 운영자 안카파와 맹스터는 고등학교 친구 사이로 예전부터 환경문제에 관심이 많았다. 그리고 작은 실천을 좀 더 널리 알리고자 다니던 대학까지 휴학하고 유튜브를 시작했다.
목표는 더 많은 사람들에게 쓰레기 줄이는 방법을 알려 세상을 조금 더 깨끗하게 만드는 것.
유쾌하고 발랄한 언어로 다양한 제로 웨이스트 제품, 숍, 카페 및 친환경 제품을 소개하고 쓰레기 없는 생활법을 알려준다.
자신들은 환경 운동가도 실천가도 아니라고 말하지만, 프라이팬을 들고 피자 가게에 가서 포장해 오고, 한강 변에 나가 전단을 수거하는 실천이야말로 충실한 환경 지킴이의 모습이 아닐까?
이 채널을 구독하며 하나만 덜 버려도 지구는 쓰레기에서 조금이라도 벗어날 수 있을 것이다.

35

알리직구

▶ 카테고리 : IT / 기술

▶ 콘텐츠 타입 : 리뷰, 리스트

추천 영상

안 사면 손해 보는 가성비 차량용품 10가지
조회수 456,647회 / 2021. 4. 24.

알리익스프레스 가성비 아이디어 상품 베스트 10 추천
조회수 222,902회 / 2020. 3. 4.

알리직구

어떻게 이런 발상을 했지?

구독자 2.92만 명

'갓성비' 최고의 제품을 고르고 싶다면? 전 세계 모든 제품을 생산한다는 '마데인차이나' 제품을 찾아봐야 하지 않을까? 해외 직배송 쇼핑을 하는 사람들 중 알리익스프레스를 모르는 사람은 없을 것이다. 이 쇼핑몰은 중국에서 운영하고 있지만, 중국인은 이용할 수 없는 특이한 곳이다. 대륙의 실수, 갓성비 갑 제품이 가득한 이곳에서 '싸고 좋은 물건'을 구입할 수 있다. 다만, 어떤 것이 갓성비를 보장하는지 어렵다는 것이 문제.

이런 고민을 해결해주는 채널이 〈알리직구〉다. 꼭 필요하지는 않지만 있으면 아주 요긴한 제품을 전부 찾아준다. 차량, 공구, 문구, 조명, 낚시, 헬스케어용품, 컴퓨터 주변 기기 등 몇 달러에서 수백 달러짜리까지 다양한 제품을 소개한다. 분명 처음에는 살 생각이 없었는데, 어느새 나도 모르게 해당 제품을 검색하게 만든다. 월별 주요 프로모션 행사 제품을 추천해주고, 제휴 카드도 함께 소개하니 주저하지 말고 구매 클릭! 아무래도 이곳에 지름신이 터를 잡은 모양이다.

오마이비키 OMV

▶ 카테고리 : FUN / 유머 / 엔터테인먼트
▶ 콘텐츠 타입 : 예능

추천 영상

[틱톡유행] 대왕 주사기 먹방 - 엄마 몰래
조회수 2,344,995회 / 최초 공개 : 2020. 12. 19.

말랑이 랜덤 박스 교환 언박싱 그런데 절교라고?
조회수 696,434회 / 2021. 8. 18.

오마이비키 OMV

열한 살짜리 조카가 친구들하고 노는 채널

구독자 30.9만 명

원래 틱톡에서 유명했던 크리에이터 오마이비키 OMV의 채널. 2019년 5월 '틱톡에서 하트 가장 많이 받은 베스트 Top 10'이라는 영상으로 유튜브 활동을 시작했다. 초기에는 틱톡 관련 영상만 올리다 점차 상황극을 중심으로 한 영상을 올리고 있다.

상황극에서 오비키는 1인 다역을 하는데 오비키, 백설아, 스텔라, 오리온, 박세인, 육학년, 양갈래, 남반장 등의 캐릭터를 소화한다. 캐릭터의 수가 꽤 여럿인데도 각자 신체적 특징과 목소리, 어투의 개성을 잘 살려 연기한다.
이를 통해 오비키의 연기력이 상당하다는 것을 알 수 있다.
콘텐츠는 초등학생을 대상으로 하지만, 훌륭한 연기와 흥미로운 상황극 내용 덕에 성인 팬도 제법 있다. 특히 초등학생 자녀를 둔 부모가 같이 보다 팬이 된 경우가 많다고. 주된 시청자가 아이들이다 보니 어린이를 대상으로 한 봉사 활동이나 기부도 많이 하며 선한 영향력을 미치는 유튜버다.

우리동네산부인과, 우리동산

▶ 카테고리 : 토크 / 상담
▶ 콘텐츠 타입 : 토크, 인터뷰

추천 영상

현직 산부인과 의사들이 보는 슬기로운 의사생활 (ep.8)
조회수 3,458,705회 / 2020. 5. 15.

임신 준비, 이 영상 보고 시작하세요!!! (Feat. 산전 검사)
조회수 653,663회 / 2019. 6. 19.

우리동네산부인과, 우리동산

저 남잔데 이 채널 보고 자궁경부암 백신 맞으러 가요

구독자 22만 명

생리 기간이 아닌데 계속 출혈이 있다면? 어떻게 해야 임신에 성공할까? 자연분만과 제왕절개 중 어떤 출산법이 더 좋을까? 교과서에 없는 내용이라 무분별한 '카더라' 정보에 의존해야 하는 산부인과 상식을 확실하게 알려주는 의학 전문 채널.

산부인과 전문의가 토크쇼 형식으로 진행하는데,
드라마 〈슬기로운 의사생활〉 리뷰부터 다양한 산부인과 질환을 티키타카 토크로 풀어준다.
자신들의 임신, 출산기와 의사 관점에서 본 경험을 적절히 녹여내 현실적인 조언이 많다. 산부인과 관련 정보를 담았다고 여성만 봐야 한다는 것은 잘못된 생각.
최근에는 조루 같은 남성 건강 관련 내용도 함께 다루어 좋은 반응을 얻고 있다. 현실적인 성교육을 원한다면 꼭 봐야 할 채널이다.
영상을 보다 보면 자신이 얼마나 잘못된 성 관련 지식을 가지고 있는지 알 수 있다.

우엉ueong

- ▶ 카테고리 : 일상
- ▶ 콘텐츠 타입 : 브이로그

추천 영상

완벽한 재택근무를 위한 홈 오피스 꾸미는 광고 회사 직장인 일상 브이로그
조회수 63,071회 / 2020. 12. 22.

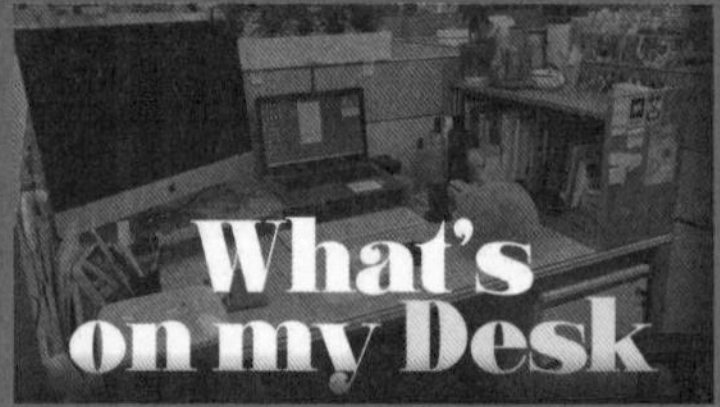

ASMR st. 광고 회사 8년 차 직장인의 사무실 아이템 소개
조회수 46,896회 / 2021. 2. 16.

우엉ueong

광고업계 취업하고 싶은 분 이거 보세요!

구독자 3.07만 명

〈우엉ueong〉 채널은 대홍기획 크리에이티브 솔루션 7팀 정우연 씨의 일상다반사를 보여주는 채널이다. 아트 디렉터다운 세련된 영상이 특징. 보안이 생명인 광고 회사에서 직장인 브이로그를 찍는다는 것이 외줄을 타는 것처럼 아슬아슬하게 느껴질 수도 있다. 그럼에도 회의하는 장면까지 가감 없이 찍는 편이지만, 절묘한 편집으로 회의 내용은 절대 노출하지 않는다.

먹방·꿀템·영양제·여행·쇼핑 등 다양한 소재를 다루는데, 역시 인기 있는 것은 대부분 그녀가 광고 회사에서 일하는 모습을 담은 영상이다. 광고 회사 아트 디렉터는 대체 무엇을 하는지 궁금하다면 꼭 봐야 할 듯.
조회수 BEST 3가 전부 야근 영상이다. 업계 특성상 야근을 매우 자주 하는 편. 운영자 정우연 씨는 자신의 영상에서 광고 꿈나무들이 보고 도망갈까 걱정하기도 한다.

운동하는 비건_단지앙LOG
구독자 2.89천명
구독

홈 동영상 재생목록 커뮤니티 채널 정보

SUB)알아두면 평생 근성장 단백질볼 레시피_탄단지 계산하는 ...
조회수 2,478회 • 10개월 전
00:52 병아리콩 단백질 볼 만들기
03:05 밀글루텐 역할, 비건프로틴파우더, tvp 추가 설명
04:20 오븐이 없을 때 비건 단백질 볼 만드는 방법
05:15 저 잊지 마세요오
06:38 완두콩 단백질 볼 만들기
07:29 단백질볼 1회 섭취 분량 계산하는 방법?
10:02 맛리뷰, 단백질볼 식단 활용 예시
자세히 알아보기

업로드한 동영상 ▶ 모두 재생

VEGAN VLOG 가을엔 뭐 입지? 망원동 나들이 + 가지칠...
조회수 605회 • 2주 전

[비건VLOG] 운동 6시간 하고 부지런히 식단 차려먹는 비...
조회수 1.5천회 • 1개월 전

[비건VLOG] 서울에서 놀다 왔어 브이로그 I 숙대 - 대림미...
조회수 766회 • 2개월 전

[비건VLOG] 왔c.. 재밌는데 두 번은 안 할래요 I 인생 첫 크...
조회수 744회 • 2개월 전

[비건VLOG] 플로깅 브이로그 #1 양양 서피비치 해변청소
조회수 537회 • 2개월 전

[VLOG] 5월 늦봄 진주로 다녀온 휴가 비건 브이로그 feat....
조회수 945회 • 3개월 전
자막

운동하는 비건_단지앙LOG

▶ 카테고리 : 인물 / 인터뷰
▶ 콘텐츠 타입 : 운동, 브이로그

추천 영상

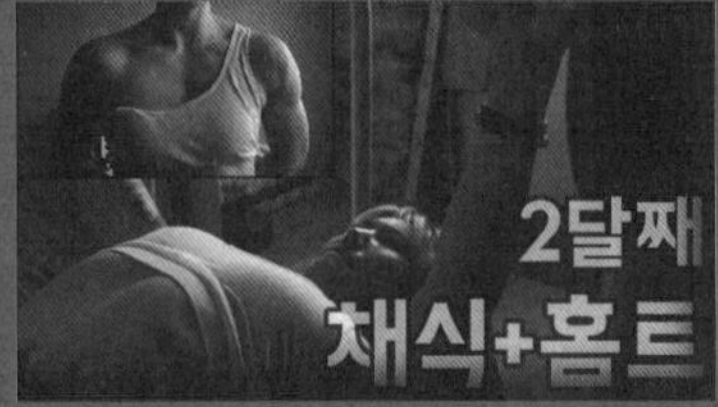

홈트VLOG 현실 홈짐. 가슴 운동 루틴
조회수 2,977회 / 2020. 1. 14.

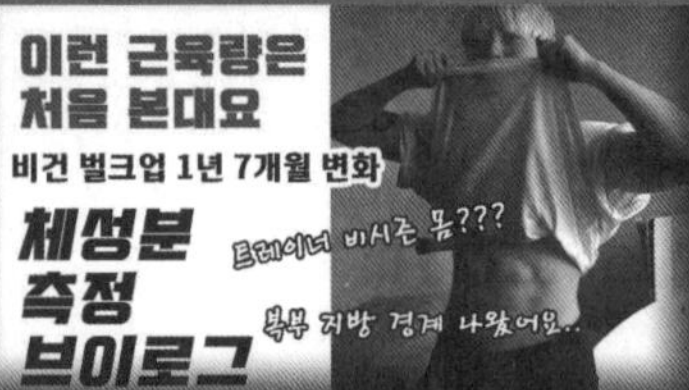

체성분 측정해봤어요 I 벌크업 전후
조회수 2,086회 / 2021. 3. 23.

헬창에게 특이점이 왔다 - Only 채식

구독자 3.15천 명

보통 다이어트할 때 실천하는 식단이 채식이라고 생각하는 사람이 많다. 왠지 채식을 하면 단백질이 부족하고 근육이 손실되며, 영양이 결핍될 것이라고 오해하는데, 이 채널을 보면 채식만으로 벌크업이 가능하다는 것을 알 수 있다.

단지앙은 현재 3년 차 비건 지향인으로 살고 있으며, 오직 채식 식단으로 골격근량을 3.6kg 늘렸다. 해외에서는 훌륭한 비건 보디빌더 등을 쉽게 찾을 수 있으나 아직 우리나라에서는 사례를 찾기 어려운 것이 현실.
이 채널에서는 비건 음식을 활용한 체계적인 식단과 운동으로 건강하고 멋진 몸을 만든 경험을 소개한다. 밀 단백과 건두부, 검은콩, 쌀(곡류)을 통해 식물성 단백질만 섭취하며 30대 중반에 만든 몸은 웬만한 남성 빌더 못지않다. 건강한 채식, 단지앙과 함께 도전해보자.

※헬창: 헬스에 미친 사람들을 가리키는 속어.

40

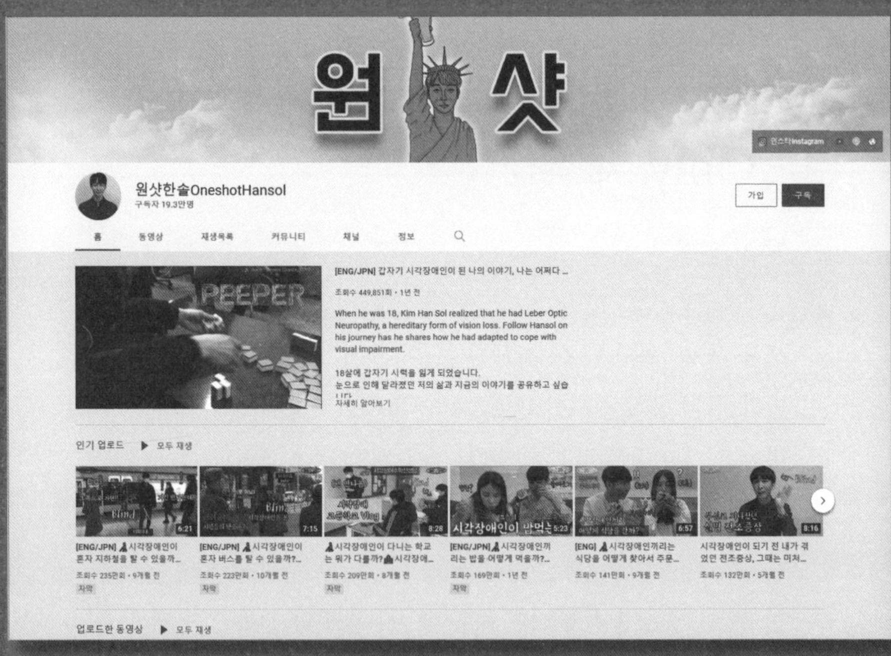

원샷한솔OneshotHansol

▶ 카테고리 : 인물
▶ 콘텐츠 타입 : 브이로그

추천 영상

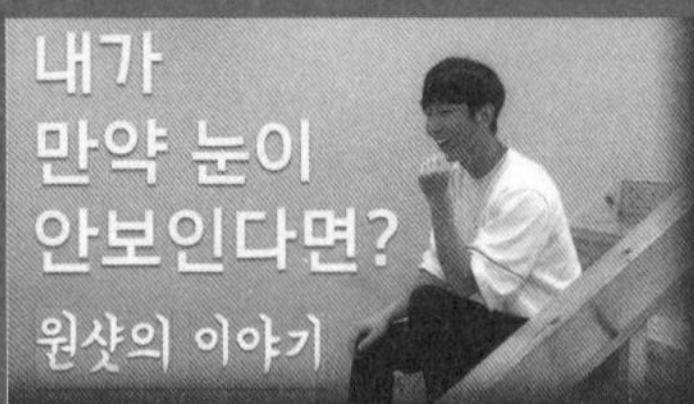

갑자기 시각장애인이 된 나의 이야기, 나는 어쩌다 시각장애인이 되었을까?
조회수 450,602회 / 2019. 10. 5.

[실제상황] 안내견과 식당에서 쫓겨났습니다
조회수 240,499회 / 2021. 5. 25.

원샷한솔OneshotHansol

세계 최초, 점자 실버 버튼을 받은 유튜버

구독자 20.5만 명

시각장애인 한솔 씨가 운영하는 〈원샷한솔〉 채널은 '다름'은 차별의 이유가 될 수 없고, 단순히 차이를 말하는 것임을 깨닫게 해준다. 고등학교 때 실명해 다니던 학교를 자퇴하고 다시 공부해 대학에 들어갔다. 대학에서는 장애 인권 동아리(가날지기)를 조직해 대표로 활동했다.

자신의 일상 브이로그뿐만 아니라 '사회실험'이라는 코너를 통해 다양한 상황에서 드러나는 장애인에 대한 편견을 콘텐츠로 삼는다. 특히 안내견 입장을 거부한 프랜차이즈 식당에 관한 영상이 큰 반향을 불러일으켰는데, 이후 본사에서 사과문까지 올렸다.

〈원샷한솔〉은 세계 최초로 점자 실버 버튼을 받았는데, 여기에도 사연이 있다. 첫 번째는 점자 없이, 두 번째는 이름에 오타가 있는 채 제작되어 결국 세 번째 실버 버튼을 받았다고. 그런데 마지막 버튼의 점자도 번역기를 돌린 이상한 문장이었다는 건 안 비밀.

씩씩하고 밝은 그의 모습을 보면 저절로 힘이 난다. 세상의 편견에 맞서는 그의 채널이 더 많은 사람에게 희망과 용기를 주기를.

41

위라클 WERACLE

▶ 카테고리 : 인물
▶ 콘텐츠 타입 : 브이로그, 인터뷰, 토크

추천 영상

SUB) 내가 휠체어를 타고 있는 이유
조회수 2,549,624회 / 2019. 2. 26.

위라클이 간다(오사카 편) - 휠체어 타고 비행하기
조회수 1,144,167회 / 2019. 5. 19.

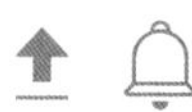

위라클 WERACLE

세상에 기적은 있다.
바로 이 채널에

구독자 31.4만 명

건강한 웃음, 사람들에게 전하는 밝은 기운. 〈위라클〉 채널을 운영하는 박위 씨를 보면 그의 긍정 기운에 자신도 모르게 입가에 미소가 지어진다. 자신의 이름 '위(we)'에 '미라클(miracle)'을 합쳐 채널명을 만들었다. '우리 모두에게 기적을 맛보는 순간이 있었으면 좋겠다'라는 의미라고.

낙상 사고로 전신 마비가 되었으나 특유의 낙관적 성격으로 끊임없이 재활을 한 덕분에 많이 호전되어 신체적 어려움을 겪는 사람들에게 희망을 주고 있다. 훈훈한 외모와 성우 못지않은 매력적인 중저음 보이스가 특징이라 팬이 많다.
자신처럼 다친 사람들이나 삶이 힘든 사람들에게 희망과 도움을 주고 싶다는 생각에 유튜브를 시작했다고. 브이로그 외에도 휠체어를 타고 생활하는 법, 휠터뷰 등을 통해 다양한 희망 메시지를 전달하는 중이다. 살다 보면 낙담할 때도, 절망에 빠질 때도 있다. 그럴 때 '우리 모두에게 기적을' 안겨주는 〈위라클〉의 에너지를 나누어 받아보자.

42

이과장

- ▶ 카테고리 : 일상
- ▶ 콘텐츠 타입 : 드라마, 브이로그

추천 영상

좋소기업 면접 특 - 【좋좋소 Ep.01】
조회수 3,021,204회 / 2021. 1. 6.

회사 망하기 직전 회식 찬스(갚을 상사)
조회수 1,154,121회 / 2020. 5. 23.

이과장

2021 상반기 콘텐츠 킬러 - 좋좋소

구독자 46.6만 명

스스로를 중소기업이 낳은 괴물, '중낳괴'라고 소개하는 이과장은 10년 넘는 근무 기간에 다양한 중소기업을 거친 '프로 중소기업 사원'이었다. 유튜브 채널을 개설한 후 1년 정도 되었을 때 회사에 들킨 후 퇴사하고 전업 유튜버가 되었다. 회사에서는 병행해도 된다고 했으나, 회사에도 민폐이고 구독자들에게도 솔직한 중소기업 이야기를 하기 힘들어 그만두었다고.

중소기업의 부당한 대우와 관련한 사연을 받아 에피소드 형태로 적나라하게 풍자하는 코너와 좋은 중소기업에서 하루 동안 무급 인턴으로 일하면서 기업 및 기업의 제품을 소개하는 코너가 있다. 가족 브이로그도 종종 올라온다.
무엇보다 웹 드라마 〈좋좋소〉에서 보여준 메서드 연기는 중소기업에서 배운 것이 업무가 아니라 연기가 아닐까 의심스러울 정도로 뛰어나다. 댓글 반응 중에는 이과장의 연기력이 이병헌과 비교해도 부족하지 않다는 내용이 많다.
이 시대 이과장들 모두 파이팅!

이상문tv
구독자 4.94만명

구독

홈 동영상 재생목록 커뮤니티 채널 정보

설운도 할아버지의 유품! 신문 그림 서예 졸업장 고려청자까지...

조회수 312,493회 • 1년 전

자신이 소장중인 물품이 진품인지 궁금하다! 가격이 궁금하다!
궁금하신 분들은 아래로 연락주세요!
https://open.kakao.com/o/svxtbRoc
이상문TV 카카오톡 링크 채팅 참여하기!

[이상문 김종국의 보물일까 고물일까 ep2.설운도편]

자세히 알아보기

업로드한 동영상 ▶ 모두 재생

역사에 관심이 많은 의뢰인, 골동품에 대한 여러가지 궁... 조회수 3.8천회 • 2일 전

골동품 수집을 좋아하는 11세 소년수집가의 소장품 감정... 조회수 8.6천회 • 1주 전

최연소 골동품 수집가! 초등학교 4학년 11살된 소년 (1... 조회수 8.9천회 • 2주 전

아버지의 도자기 감정의뢰! 청화와 진사가 들어간 자라... 조회수 1.5만회 • 3주 전

진품인줄 알고 산 도자기가 가품이라면? 진품도자기와 가... 조회수 1만회 • 1개월 전

귀얄기법이 들어간 분청자기 접시, 음양각 문양 고려청자... 조회수 1.5만회 • 1개월 전

진품일까가품일까 ▶ 모두 재생

시청자 참여 골동품 고미술 감정 방송 '진품가품' 이상문 교수가 시청자 의뢰인 여러분의 애장품을 직접 감정 해 드립니다

중국 도자기 애호가의 도자기 감정의뢰, 좋은 중국 도자기... 이상문tv 조회수 17만회 • 2개월 전

도자기 떡살은 돈이 될까요? 독특한 사슴무늬의 항아리... 이상문tv 조회수 9.6천회 • 3개월 전

어렸을때부터 골동품을 수집하셨다는 골동품 애호가의 ... 이상문tv 조회수 1.5만회 • 3개월 전

이 형체의 도자기는 이상문교수도 처음본다 하지만 진짜... 이상문tv 조회수 121만회 • 8개월 전

억대평가 보증?! 고평가 받는 도자기 그림 자세히 알려... 이상문tv 조회수 13만회 • 9개월 전

가정집에서 싸게 구매한 골동품 vs 어머니께 물려받은 전... 이상문tv 조회수 6.3만회 • 8개월 전

이상문tv

▶ 카테고리 : 이슈 / 정보 / 뉴스
▶ 콘텐츠 타입 : 익스플레인

추천 영상

골동품 줍는 소년, 쓰레기장에서 꽁돈을 만나다?
조회수 1,050,305회 / 2020. 12. 31.

공짜로 받은 게 진품으로? 대박 경품!
조회수 724,126회 / 2020. 8. 24.

이상문tv

진품명품이 유튜브로 넘어왔다!

구독자 5.27만 명

KBS의 최고 장수 프로그램은? 〈아침마당〉. 그리고? 일요일 아침 11시에 방송하는 〈TV쇼 진품명품〉이다. 1995년부터 시작한 이 프로그램에서는 26년째 일요일 아침마다 다양한 골동품을 감정해준다. 다락과 창고에 처박혀 있던 골동품이란 골동품은 다 나왔을 것 같은데, 아직도 매주 감정해야 할 물품이 끝없이 나온다. 이 프로그램의 터줏대감이라 할 수 있는 이상문 명지대 미래교육원 교수는 유튜브 채널을 열어 다양한 고미술과 골동품을 감정해준다. 의뢰인은 설운도, 박상철, 박준규, 이용 등 연예인부터 일반인까지 다양하다.

옛 물건을 통해 그 시대의 역사와 의미를 되짚어주는 이야기를 듣다 보면 자신도 모르게 연결 영상을 클릭하게 된다. 물론 달변인 이상문 교수의 말솜씨가 스킵을 멈추게 하는 또 다른 이유. 우리 집에 오래돼 보이는 수상한 도자기가 있다면 이상문 교수에게 감정을 의뢰해보는 것은 어떨까?

44

이상한리뷰의앨리스 Alice in WonderReview

▶ 카테고리 : 리뷰
▶ 콘텐츠 타입 : 익스플레인

추천 영상

앉아 있으면 머리가 나빠져요. 뇌를 제대로 알려드릴게요.
조회수 1,157,610회 / 2020. 9. 6.

FBI가 스파이를 포섭하는 방법으로 누구든 나를 좋아하게 만들 수 있습니다.
조회수 512,464회 / 2020. 7. 30.

이상한리뷰의앨리스 Alice in WonderReview

가장 깊이 있는 자기 계발, 동기부여 채널

구독자 27.3만 명

다양한 지식을 10분에 압축해 파악하고 싶을 때 찾아보면 좋은 채널. 자기 계발을 도와주는 책이나 인물, 핵심 비법, 노하우를 리뷰한다. 대부분의 콘텐츠가 성공법을 알려주거나 의지를 북돋우는 내용인데, 차분한 목소리로 통찰력을 발휘해 핵심만 짚어주니 영상 하나하나가 모두 주옥같다.

아무리 간절히 성공을 바라도 스스로 움직이지 않으면 현실은 결코 변하지 않는다. 따라 하면 누구나 성공한다는 뜬구름 잡는 희망을 이야기하기보다는, 아닌 것을 똑 부러지게 아니라고 이야기하는 것이 특징이다.
처음에는 1인 방송처럼 콘텐츠를 만들었으나, 요즘에는 캐릭터를 등장시켜 인사이트를 주는 등 다양한 형식의 영상에 도전하기 시작했다. 자기 계발 채널을 딱 하나만 구독하고 싶다면 이 채널을 강추한다.

자취남

▶ 카테고리 : 재테크 / 부동산
▶ 콘텐츠 타입 : 인터뷰, 토크

추천 영상

강남 신축 빌라에 살아요 l 풀옵션, 인테리어 l 단점은 가격뿐
조회수 195,389회 / 2021. 7. 31.

자취방 30곳 가본 후기
(집들이 선물만 100만원 어치 샀네..)

자취방 30군데 가보고 느낀 점
조회수 29,864회 / 2020. 11. 28.

자취남

남의 집 구경만큼 재미있는 것도 없더라

구독자 17.1만 명

1인 가구가 대세인 시대, 직업적으로 독립해 스스로의 힘으로 살아가는 자취생이 많다. 〈자취남〉 채널은 이들의 집을 탐방하며 좋은 자취방을 알아보는 채널이다. 자취집마다 방문해 그 동네 시세, 전세금 모은 방법, 편의 시설 등등을 세세한 인터뷰로 알려준다.

자취남이 수도권에서 살고 있고, 직장에 다니며 유튜버 활동을 병행하다 보니 수도권 자취방 소개가 주를 이룬다. 가끔은 회사에 휴가를 내고 지방 자취러의 방을 소개하기도 한다.
다양한 사람만큼 다양한 자취방이 등장하며 나이, 성별, 지역을 가리지 않고 자취인들의 진솔한 이야기를 듣는 것이 특징이다. 리포터처럼 인터뷰를 하는데, 자연스럽게 필요한 정보를 뽑아내는 스킬이 돋보인다. 독립을 준비한다면 자취남이 소개한 지역의 자취방을 알아보자.

46

대성부동산

전원주택박사 대성부동산

▶ 카테고리 : 재테크 / 부동산
▶ 콘텐츠 타입 : 익스플레인

추천 영상

(1618) 바다 가까운 등기된 한옥 시골집
넓은 마당, 뼈대좋은 집
조회수 134,712회 / 2021. 8. 13.

(1514) 229평 넓은 마당이 있는 한옥 시골집
조회수 159,223회 / 2021. 6. 22.

2년 만에 전원주택 영상만 1,200개!?

구독자 22.1만 명

전원주택 부동산 채널 구독자가 20만 명이 넘는다면 믿을는지. 영상마다 번호를 적는데, 벌써 1,600건이 넘었다. 전국 팔도의 전원주택을 소개하는 채널이 왜 이렇게 인기를 끌까?
구독자의 댓글로 파악해보면 몇 가지 유형으로 나눌 수 있다. 정말로 전원주택에 관심이 많아 매물을 보러 오는 사람, 투자를 목적으로 매물을 품평하기 위해 오는 사람, 그리고 전원주택 소개를 보며 꿈꿔온 전원 라이프를 통해 대리 만족하는 사람.

실제 매물 홍보 및 판매가 목적이다 보니 정확한 정보를 전달하기 위해 지도, 그래프, 드론 영상까지 동원해 주택 환경을 입체적으로 살펴볼 수 있게 했다.
직접 가지 않아도 입지부터 인테리어까지 꼼꼼히 살펴볼 수 있다는 것이 특징. 전원주택이라고 하지만 시골의 필지 좋은 구옥을 주로 소개한다. 집에 대한 설명과 영상을 적절히 매치해 집에 대한 안목을 절로 키울 수 있다.

47

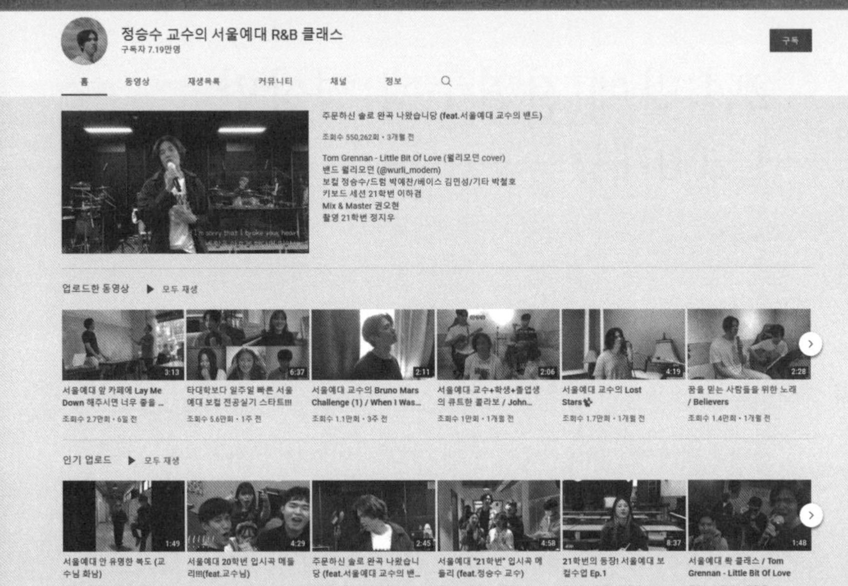

정승수 교수의 서울예대 R&B 클래스

▶ 카테고리 : 음악
▶ 콘텐츠 타입 : 커버

추천 영상

서울예대 20학번 입시곡 메들리!!!(feat. 교수님)
조회수 2,043,643회 / 2020. 5. 23.

서울예대 안 유명한 복도(교수님 화남)
조회수 2,784,198회 / 2021. 4. 3.

예대 보컬 전공 교수가 핵인싸면 생기는 일

구독자 8.53만 명

미친 가창력의 교수가 미친 가창력의 보컬 전공 학생들과 함께 만들어가는 싱어롱 채널. 학생들과 친구처럼 지내는 정승수 교수가 학생들과의 수업부터 다양한 커버곡까지 영상에 담는다.

서울예대 자체가 대한민국 최초로 실용음악과를 개설한 곳이기도 하고 김범수, 김연우, 박선주 등 내로라하는 가수를 배출한 명문이다. 매해 입시마다 수백 대 1의 높은 경쟁률을 자랑하며 학생들도 타의 추종을 불허하는 실력을 지니고 있다. 이곳 출신 중 최근 가장 유명한 스타는 〈싱어게인〉의 이무진.
강의실, 복도, 차 안, 공연장 등 장소를 가리지 않고 이루어지는 공연은 서울예대 실용음악과 보컬 전공의 '클라스'를 보여준다.
커버곡 영상을 통해 학생들의 실력도 자연스럽게 보여주고 학과 홍보도 하려는 의도인 듯한데, 덕분에 귀 호강을 할 수 있으니 감사할 따름.

48

주연 ZUYONI

▶ 카테고리 : IT / 기술
▶ 콘텐츠 타입 : 리뷰

추천 영상

2천억짜리 반도체 장비 리뷰?! 지금껏 본 적 없는 나노 세계를 보여드립니다
조회수 1,394,943회 / 2020. 8. 25.

실외기 & 설치비 필요 없는 LG 이동식 에어컨! 소음, 냉방, 장단점
조회수 1,669,245회 / 2021. 7. 14.

주연 ZUYONI

2021 IT 리뷰계의 라이징 스타

구독자 51.5만 명

여자는 IT를 잘 모른다는 선입견을 여지없이 깨는 채널. SNS에 디에디트가 있다면, 유튜브에는 주연이 있다.
전 연합뉴스 IT 전문 기자 주연은 유튜브 채널에서 다양한 전자 기기를 리뷰한다. 전자 기기를 구매하고 사용할 때 여자는 남자와 감성이 다른 만큼 시각도 다른데, 여성의 감성에 전문성까지 갖춘 주연의 리뷰는 세밀하고 꼼꼼해 많은 구독자를 얻었다.

그의 리뷰는 무조건 칭찬 일색이 아니다. 광고 영상이라 하더라도 제품의 장단점을 낱낱이 소개한다. 구독자들의 질문에 꼼꼼히 실험해보고 답하는 영상이나 직접 자료 등을 취재해 만든 '주Q멘터리'에서는 기자 출신 장점이 여지없이 발휘된다. 2,000억 원짜리 반도체 장비를 살펴보면서 설명하는데, 대학에서 듣는 반도체 물리학 개요 수업 이상으로 반도체를 이해하는 데 도움이 된다고. 어쩌면 그녀야말로 새로운 시대의 기자상이 아닐까?

49

중년게이머 김실장

▶ 카테고리 : 리뷰
▶ 콘텐츠 타입 : 익스플레인, 스트리밍

추천 영상

리니지에서 성 먹으면 진짜 떼돈 버나요?
조회수 2,778,216회 / 최초 공개: 2020. 10. 23.

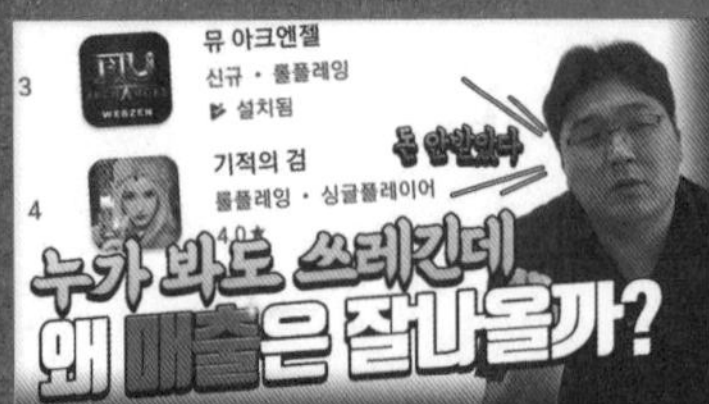

기적의 검 욕하는 건 누가 못 해?
근데 왜 잘나갈까
조회수 1,802,195회 / 2020. 6. 12.

중년게이머 김실장

리니지 20년 고인물의 인생 전직은 겜튜버다?

구독자 32.6만 명

게임은 애들이나 하는 것이라고? 이 말은 이미 옛말이 되었다. 이제 게임은 남녀노소 누구나 즐기는 오락이다. 특히 3040 세대라면 소싯적 게임 좀 했다는 이야기를 하는 사람이 많을 것이다. 김실장은 게임 전문 웹진 〈디스이즈게임〉의 미디어 실장이다. '바람의 나라' 공략집을 만들 정도로 어릴 때부터 게임에 진심이었고, '리니지'와 'WOW' 등 수많은 게임 공략 커뮤니티를 관리한 경험이 있다. 그의 연륜과 전문성을 살린 게임 분석에다 10년 이상 함께 일해온 PD와의 티키타카가 더해져 채널 경쟁력이 높은 편이다. 〈포브스〉 선정 유튜버가 되었는데, 분야가 게임이 아닌 경제 분야다. 온라인 게임의 성패는 이용자들이 계속 머물며 돈을 쓰게 하는 콘텐츠와 시스템을 잘 갖추고 발전시키는 것에 좌우되기 때문에 경제 상관성이 높은 것으로 이해된다.

주 1회 게임 강의, 주 1회 실시간 스트리밍 방송을 진행 중이니 게임 관심자들은 챙겨 보면 좋을 듯하다.

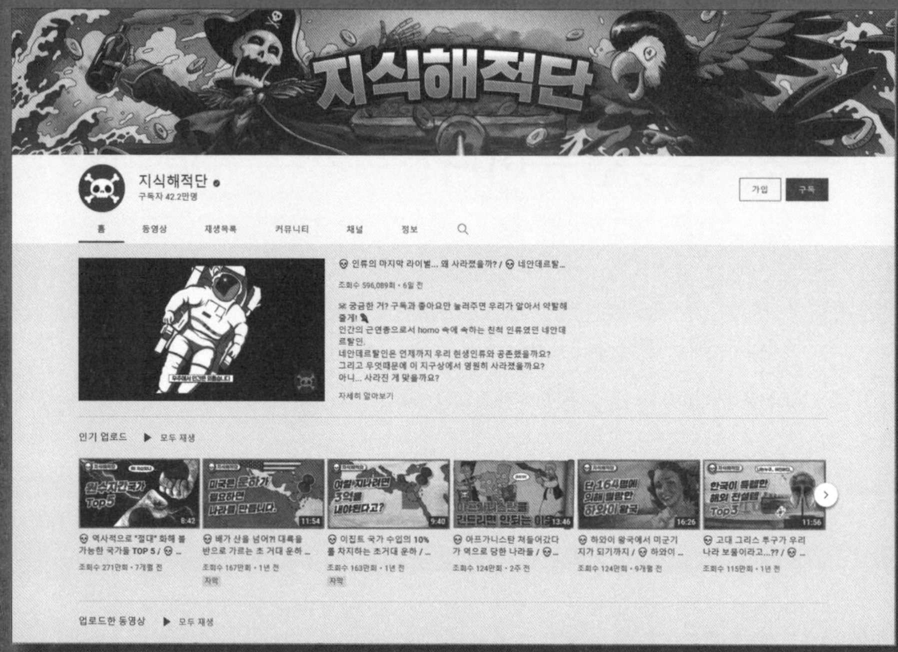

지식해적단

▶ 카테고리 : 이슈 / 정보 / 뉴스
▶ 콘텐츠 타입 : 익스플레인

추천 영상

배가 산을 넘어?! 대륙을 반으로 가르는 초거대 운하
조회수 1,683,188회 / 2020. 8. 10.

아프가니스탄 쳐들어갔다가 역으로 당한 나라들
조회수 1,262,702회 / 최초 공개 : 2021. 8. 20.

지식해적단

너, 내 동료가 돼라, 이 세상의 모든 지식을 줄게!

구독자 48.3만 명

세대 구분 퀴즈. 해적이라고 했을 때 생각나는 단어는? 〈보물섬〉은 50대, 하록 선장은 40대, 그리고 〈원피스〉는 20~30대 정도가 아닐까?
해적처럼 지식을 약탈해 온다는 콘셉트로 다양한 영상을 만드는 〈지식해적단〉은 해골 방디와 앵무새 키드로 이루어진 2인 유튜버 팀이 운영한다. 퀄리티 높은 영상으로 인기를 끌고 있는데, 다양한 주제를 다룬다. 주로 역사 지식이 대부분이긴 하지만, 그린피스와 함께 공장식 축산, 쌀 생산량, 명태 이야기 등 환경 지식을 다루기도 하고, 한국 보물로 지정된 외국 유물이나 빌보드 차트의 역사 같은 잡학도 다룬다. 지하철 10분 교양 수업으로 딱 좋다.

영상 끝에는 후원자들의 일러스트를 넣어 소개하는데, 이 일러스트 역시 퀄리티가 뛰어나 후원하고 싶은 충동을 불러일으킨다. 애니메이션 〈원피스〉 느낌이 나는 걸 보니, 역시 MZ세대의 교양 채널인 듯.

51

직업의모든것

▶ 카테고리 : 인물 / 인터뷰
▶ 콘텐츠 타입 : 인터뷰

추천 영상

멧돼지 한 마리 잡을 때마다 20만 원 받습니다 [엽사] 1부
조회수 5,454,287회 / 2019. 12. 18.

유명하지 않은 걸그룹의 현실 [걸그룹] 1부
조회수 1,938,513회 / 최초 공개: 2020. 9. 27.

'제갈건'을 발굴한 리얼 직업 인터뷰 맛집

구독자 72.5만 명

세상 모든 직업, 세상 모든 사람이 이 채널의 콘텐츠가 될 수 있지 않을까 싶다. 채널 운영자 황해수 씨는 27가지 알바를 한 경험을 바탕으로 채널을 개설했다고. 대기업 사원, 의사, 변호사, 공무원 같은 인기 직종은 물론이고 심마니, 아이돌, 선원, 파이터, 염사같이 주변에서 찾아보기 어려운 직업에 종사하는 사람들도 인터뷰했다. 이 외에도 사회 현실을 고발하는 현장 취재 콘텐츠도 있다.

한 사람을 심층 분석해 몇 개의 인터뷰로 나누어 소개하는 형식을 취한다. 그의 인터뷰로 인기를 얻는 사람이 생기기도 하는데, 대표적인 인터뷰이가 제갈건. 한때 일진이었다가 현재 철학을 공부하며 바른 삶을 살아가는 그의 이야기가 화제를 모으기도 했다. 세상 궁금한 것이 사람 사는 이야기라고 하지 않는가. 직업이라는 소재를 다루는 이 채널에서 사람 향기가 나는 것도 그런 이유 때문인 듯하다.

52

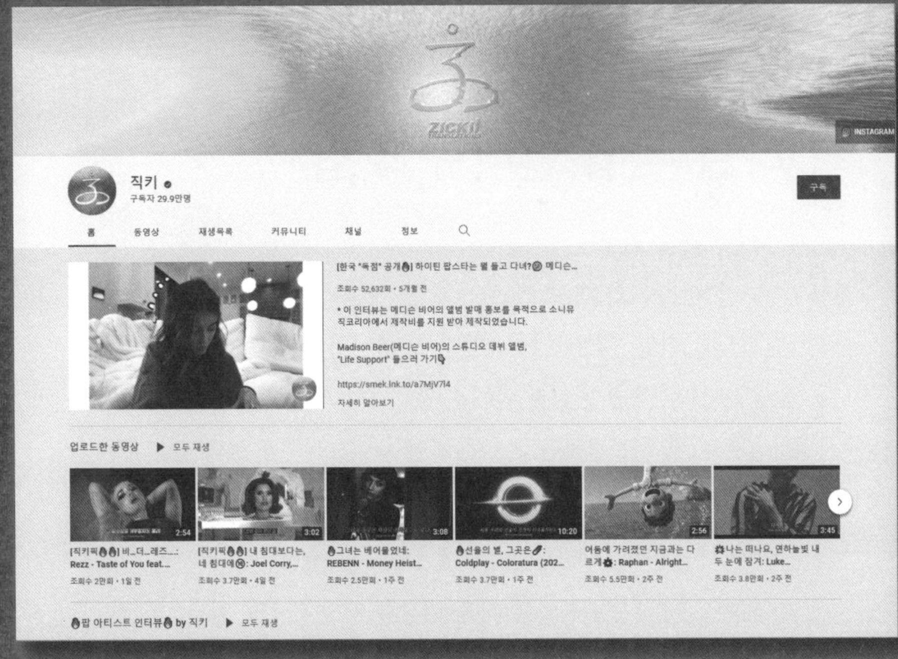

직키

▶ 카테고리 : 음악
▶ 콘텐츠 타입 : 플레이리스트

추천 영상

그루비한 약쟁이의 파티 : UPSAHL - Drugs (2019)
조회수 3,373,837회 / 2019. 5. 14.

그래서 멀리했던 거였어 : Ruel - distance(2020)
조회수 1,248,207회 / 2021. 2. 2.

직키

고 2 조카의 음악 갬성은 이렇답니다

구독자 30.6만 명

일주일에 두 곡씩 뮤직비디오에 번역한 자막을 넣어 소개한다. 빌보드 차트에 올라간 노래보다는 자신의 취향에 맞는 노래를 소개하는데, 직키가 선곡한 숨은 명곡을 듣는 즐거움이 쏠쏠하다. 팝송에 관한 광범위한 지식과 관심이 없으면 절대로 만들 수 없는 채널.

어떤 곡은 뮤직비디오조차 없어 스스로 영상을 입히기도 한다. 곡 분위기에 맞는 영상과 특유의 가사 번역이 그야말로 찰떡같이 들어맞는다는 평이 많은데, 제목 맛집이기도 하다. 〈직키〉 채널을 통해 새로운 가수를 만나 덕후가 된 사람도 많다.
왠지 이 채널을 구독해 정주행하고 싶으면 유튜브 프리미엄에 가입해야 할 것만 같은 느낌이다. 그래야 광고 없이 그의 리스트를 들을 수 있으니 말이다. 얼마 전 매디슨 비어의 앨범 홍보 영상이 채널에 오를 정도로 국내 팝 음악 시장에서 발휘하는 영향력도 강력하다. 이 영상에 직키는 자신이 구독자들 덕분에 '성덕(성공한 덕후)' 되었다고 감사 인사를 보내기도.

창캔-하찮은 내인생

▶ 카테고리 : 일상

▶ 콘텐츠 타입 : 브이로그

추천 영상

1평짜리 고시원에서의 하루 [살아줘 홈즈]
조회수 2,357,203회 / 2020. 9. 23.

패션에게 잡아먹힌 스타일리스트의 투룸 집 구경 [살아줘 홈즈]
조회수 69,387회 / 2021. 1. 12.

우리나라에서 20대 청년 백수가 가장 부지런하다

구독자 비공개

백수는 할 일이 없다고? 아니다. 백수가 오히려 더 바쁘다. 대한민국 대표 20대 백수의 삶을 보여주는 〈창캔〉 채널. 원래 살던 집에 물이 새서 가로세로가 2m도 되지 않는 1평짜리 노량진 고시원에서 하루를 보내는 '살아줘 홈즈' 영상이 대박을 치면서 유명해졌다.

스스로를 제삼자 보듯 관찰하는 영상은 요즘 유행하는 관찰 예능을 보는 것 같다. 백수라고 하지만 창캔은 하는 일도 많고,
하고 싶은 일도 많고, 이벤트도 많다.
할 일 없는 하루의 이벤트를 보여주는 '백수의 하루',
고시원·원룸· 투룸 등 여러 집에서 살아보는 '살아줘 홈즈', 그리고
에세이 형태로 백수의 삶을 보여주는 '하찮은 내 인생 이야기'
영상을 비주기적으로 올리고 있다.
〈창캔〉의 콘텐츠는 전국 20대 취준생과 자취생에겐 핵공감을,
비슷한 경험을 한 조금 더 위 세대 사람에게는 PTSD급 추억을
떠올리게 해준다.

쿠왕coo king

▶ 카테고리 : 먹방 / 요리 / 맛집
▶ 콘텐츠 타입 : 푸드, 하우투

추천 영상

이삭토스트 햄치즈 절대로 먹으면 안 되는 이유 (놀라운 사실 주의)
조회수 2,910,170회 / 2021. 2. 28.

일반인은 절대 '이 조합'을 알 수 없는 이유 (마지막 소름 주의)
조회수 6,097,263회 / 2021. 3. 11.

쿠왕이라면, 라면이지 쿠앙!

구독자 22.2만 명

전 세계 라면 소비 1위 국가, 한국. 2019년 기준으로 1인당 연간 라면 소비량은 74개. 일주일에 한 번 이상은 반드시 라면을 먹는다는 뜻이 되겠다. 그만큼 저마다의 레시피가 넘쳐나는 것이 라면 메뉴다. 쿠왕은 여러 자취 메뉴 가운데 라면을 주 소재로 요리 영상을 올린다. 자취생 하면 당연히 라면 아닌가!

〈쿠왕〉 채널은 '한국인이 좋아하는 속도'라는 별명을 얻을 정도로 짧고 스피디한 영상으로 유명하다. 숏폼 시대에 앞서가는 요리 채널이라고 할 수 있다.
'OO를 절대 먹으면 안 되는 이유' 시리즈로 유명해졌는데, 문제는 그 이유가 절대로 안 나온다는 점. 한국인이 좋아하는 속도와 한국인이 싫어하는 엔딩으로 구독자를 끌어들이지만, 그가 소개하는 무궁무진한 라면 요리를 보면 이유 따윈 중요하지 않다고 생각하게 된다는 것이 이 채널의 매력이다.

55

클래식타벅스

▶ 카테고리 : 음악
▶ 콘텐츠 타입 : 익스플레인

추천 영상

파가니니 카프리스는 얼마나 어려울까?
조회수 2,870,480회 / 2019. 12. 26.

'엘리제를 위하여' 속 베토벤의 천재성
조회수 933,402회 / 2021. 3. 17.

주제는 클래식,
퀄리티는 마에스트로

구독자 15.8만 명

어딘지 익숙한 로고 안에 어딘지 익숙한 음악가 캐릭터가 자리 잡고 있는 채널. 커피를 마시듯 편안하게 클래식 음악 정보를 얻고 싶다면 〈클래식타벅스〉 채널이 어떨까? 음악사, 음악가를 친절하고 재미있게 설명해주는 덕에 새로운 음악 정보를 접할 수 있다. 기존 유튜브 채널이 주로 연주를 통해 클래식을 소개했다면, 〈클래식타벅스〉에서는 음악에 얽힌 이야기를 알려준다. 숨겨진 음악 이야기나 완전히 새로운 클래식 리뷰를 통해 일반인은 잘 모르는 음악 지식을 쉽게 풀어내는 것이 특징.

이 외에도 제대로 악보 보는 방법이나 오케스트라 구성 등을 설명해주어 클래식 음악에 대한 장벽을 낮추는 역할을 한다. 특히 초·중·고 음악 시간에 틀어주면 좋을 만한 학습 자료 영상이 풍부하다. 어디 가서 클래식 좀 안다는 소리를 듣고 싶은 사람들에게도 비공개 구독 리스트에 꼭 넣어두라고 권하고 싶다.

56

티키틱 TIKITIK

▶ 카테고리 : FUN / 유머 / 엔터테인먼트
▶ 콘텐츠 타입 : 음악, 드라마

추천 영상

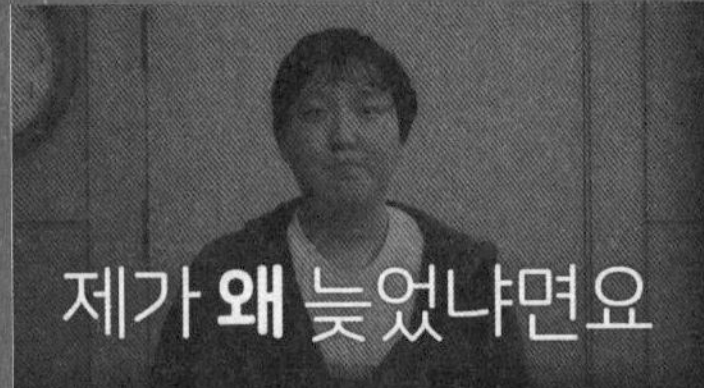

오늘부터 지각 변명은 이렇게…
“제가 왜 늦었냐면요”
조회수 14,054,527회 / 2018. 10. 4.

지하철 전화 통화로 아카펠라 만들기 - “통화 중”
조회수 3,730,834회 / 2014. 3. 19.

티키틱 TIKITIK

나에게 크리에이티브의 참뜻을 알려준 채널

구독자 60.2만 명

고등학교 때부터 영상을 제작한 이신혁의 개인 채널 Project SH가 티키틱으로 이름을 변경했다. 초기엔 여러 배우를 등장시켜 뮤비를 만들었는데, 현재는 4인조 전업 크리에이티브 팀으로 움직인다. 신혁, 세진, 추추, 은택은 모든 수익을 'n빵' 하는 동등한 관계라고. 이름을 바꾸고 업로드한 첫 번째 영상 '오늘부터 지각 변명은 이렇게… "제가 왜 늦었냐면요"'가 1,000만 뷰를 넘으며 큰 인기를 끌어 유명해졌다.

일상생활에서 흔히 볼 수 있는 에피소드를 재미있게 각색해 뮤지컬로 만드는데, 재미와 병맛이 적절히 섞인 영상으로 인기가 많다. 지각, 청소, 수업, 성적, 지하철, 알바 등 아무래도 멤버 전원이 20대이다 보니 MZ세대의 일상에 초점을 맞춘다.
특히 감독 신혁이 고등학생 때부터 UCC로 유명했다면, 연기를 담당하는 세진은 싸이월드 때부터 립싱크 연기로 유명했다고.
어릴 때부터 꾸준히 활동해온 멤버들에 대한 충성도가 뛰어나 실제로 팬 미팅까지 할 정도다. 광고도 작품으로 만들어버리는 이들의 크리에이티브가 어디까지 확장될지 궁금하다.

57

팩토리

▶ 카테고리 : FUN / 유머 / 엔터테인먼트
▶ 콘텐츠 타입 : GXWM

추천 영상

이 스트리밍은… 버그로 종료되었습니다.
조회수 418만 회 / 2021. 7. 9

이 영상에 절대로 속지 마세요(챌린지)
조회수 3,520,041회 / 2021. 5. 23.

팩토리

유튜브에서 이런 실험이 가능하다고!?

구독자 73만 명

이 정도면 시청자와 유튜버 간의 대결이다! 상상도 하지 못할 실험을 유튜브에서 하는 채널이 〈팩토리〉다. 실험도 하나같이 호기심을 불러일으킨다. 같은 영상을 올리고 본 계정인 〈스토리〉의 조회수가 많이 나오는지, 부계정인 〈팩토리〉의 조회수가 더 많이 나오는지 실험하는 것부터 60분 동안 댓글이 달리지 않으면 영상을 삭제하는 실험까지.
현재 60분 동안 댓글이 달리지 않으면 삭제할 것이라 예고된 이 영상은 10주째 올라가 있고, 댓글이 50만 개가 넘게 달려 있다(당신이 이 글을 읽을 때까지 살아 있을까?).

〈팩토리〉의 실험은 유튜브 댓글 놀이의 끝판왕을 보여준다.
현재 유튜브에서는 영상도 중요하지만 댓글을 통한 커뮤니티가 중요해졌다. 그런 의미에서 모두 호기심을 갖고 주의 깊게 지켜볼 수밖에 없는 채널이 〈팩토리〉이다. 영상마다 달린 댓글을 읽는 재미도 쏠쏠하다.
과연 60분간 댓글이 달리지 않으면 폭파되는 영상의 최후 댓글러는 누구일까? 두구두구두구….

58

포텐독TV

▶ 카테고리 : FUN / 유머 / 엔터테인먼트
▶ 콘텐츠 타입 : 애니메이션

추천 영상

똥 밟았네 뮤직비디오 풀버전(Full Ver.)
조회수 9,494,277회 / 최초 공개 : 2021. 6. 30.

괴물(Monster) 뮤직비디오_EBS 애니메이션 '포텐독'의 열한 번째 OST
조회수 249,842회 / 2021. 7. 14.

포텐독TV

2021 최고의 밈!
'똥 밟았네'가 여기 있다

구독자 5.95만 명

2021년 최고의 밈(meme) 뮤직비디오 '똥 밟았네'를 탄생시킨 채널. 올해 초부터 EBS에서 방영한 애니메이션 〈포텐독〉은 뮤지컬과 결합된 슈퍼히어로물.

세상엔 인간에 필적한 지능과 특별한 전사로 변신하는 능력을 지닌 포텐독이 있다. 이들은 인간을 지배하려는 골드팽, 인간과 개 사이의 평화와 유대를 지키려는 포동넷으로 나뉘어 대결을 벌인다.
줄거리만 들으면 딱 유·초등을 대상으로 한 애니메이션 같다. 하지만 어른도 계속 흥얼거리게 만드는 멜로디와 아동용 애니메이션이라고 볼 수 없을 정도의 쓸고퀄 안무 등을 더해 엄청난 속도로 퍼진 것.
뮤지컬 장면만 보면 인도 볼리우드 마르살라 영화의 향기를 풍기기도.
겉바속촉처럼 까면 깔수록 새로운 형식과 스타일이 나오니 아이부터 어른까지 모두 좋아하게 된 것이 아닐까? 우리나라 애니메이션 프로덕션이 제작하는 모습을 보여주는 채널이기도 하다.

59

프응TV

▶ 카테고리 : 일상
▶ 콘텐츠 타입 : 브이로그

추천 영상

트랩에 들어온 말벌 300마리 토치로 한 방에 죽이기
조회수 9,726,032회 / 2019. 9. 9.

올해 한 번도 꿀 채밀 안 한 벌통 채밀했습니다
조회수 6,763,396회 / 2020. 6. 21.

프응TV

V-log 말고 Bee-log, 앵앵앵~

구독자 41.9만 명

회사 그만두고 벌 치겠다는 생각을 하는 도시인이라면 〈프응TV〉 채널을 구독해보자. 채널 첫 영상인 '트랩에 들어온 말벌 300마리 토치로 한 방에 죽이기'가 대박을 쳤다. 양봉에 대해 딱히 관심이 없더라도 어느새 넋 놓고 보다가 꿀벌의 생태를 꿰게 된다. 차분한 설명과 센스 있는 자막 덕분에 재미있게 볼 수 있다.

〈프응TV〉 채널은 부산에 사는 양봉업자 프응이 꿀벌과 동거하는 이야기를 다룬다. 보다 보면 예전에는 관심조차 없던 채밀,
밀랍 제거하는 법 등을 저절로 알게 되며, 영상 속 꿀벌이 토실토실 귀여워 보인다. 반면 말벌은 철천지원수로 여겨지기까지 한다.
말벌 몇 마리가 꿀벌 몇백 마리를 죽인다는 것을 알게 되기 때문.
꿀벌의 생활이 엄청나게 스펙터클하다는 것도 알 수 있다.
채밀 기간이 되면 직접 만든 꿀을 팔기도 하는데, 공개한 후 채 몇 분이 지나지 않아 완판된다. 그와 함께 벌통에 꿀이 가득 담기는 걸 기대하며 이번에는 프응의 꿀벌 구입에 성공하기를!

핏더사이즈
구독자 53.1만명

구독

홈 동영상 재생목록 커뮤니티 채널 정보

트렌스 지방이 축적된 패션유튜버의 둘러입기 룩북

조회수 256,552회 • 2개월 전

피티 끊고 운동 시작했다..
비포 에프터 간드아!!!!

•이 영상은 유료광고가 없음을 알려드립니다

자세히 알아보기

FASHION 패션 ▶ 모두 재생

매년 추천하는 브랜드로 10가지 가을&겨울 코디하기
핏더사이즈
조회수 6.7만회 • 21시간 전

고말숙이 좋아하는 남친(?) 가을 패션 이상형 월드컵
핏더사이즈
조회수 12만회 • 2일 전

이 신발 지금 사지마. 아이 그냥 사지 말라면 사지마!!
핏더사이즈
조회수 19만회 • 3일 전

[베스트룩] 딱 요즘 입기 좋은 간지 코디 모음집 ZIP.
핏더사이즈
조회수 13만회 • 4일 전

가성비 롱슬리브 추천과 나한테 잘 맞는 긴팔티 사는 방법
핏더사이즈
조회수 15만회 • 6일 전

(전)아이돌 연습생이 좋아하는 남자 가을 코디
핏더사이즈
조회수 14만회 • 1주 전

Look Around 둘러보기 ▶ 모두 재생

핏더사이즈

▶ 카테고리 : 패션 / 뷰티
▶ 콘텐츠 타입 : 하우투, 익스플레인

추천 영상

간지 나는 트레이닝 바지 & 트랙 팬츠 브랜드 추천
조회수 1,053,776회 / 2019. 9. 22.

대두에게 헌정하는 볼캡 모자 브랜드 8가지 추천
조회수 1,053,776회 / 2019. 9. 22.

옷 잘 골라주는, 동대문에 사는 아는 형

구독자 56.4만 명

옆집 형이 알려주는 패션 센스. 20대 남성을 위한 패션 코디법을 상남자 스타일로 알려주는 채널. '조던 신발을 사야 하나?', '스트리트 패션이 유행이라는데?', '조거팬츠? 슬랙스? 바지가 그냥 바지지 뭐 이리 종류가 많을까?' 등 궁금한 게 많은 '패션 고자'를 위해 옆집 형이 나섰다. 친근한 말투로 중간중간 "쉐키야"를 연발하는 것이 특징.

〈핏더사이즈〉 김해조 씨는 패션업계 마케터로 종사하며 데일리 룩을 업로드했다. 그러다 전업 유튜버가 되었다. 유행하는 옷을 무작정 코디하기보다는 나에게 잘 어울리고 남들과 다른 스타일링을 위주로 소개한다. 또 현실적인 조언으로 인기가 많은데, 예를 들어 살이 쪄서 가슴이 튀어나온 일반인을 위한 몸매 커버 코디 같은 것을 소개한다. 네이버 카페에서는 회원들의 데일리 룩을 평가해주기도 한다. 패션을 중심으로 하지만, 점차 2030을 위한 라이프스타일 전반을 다루는 콘텐츠로 확장하는 중.

61

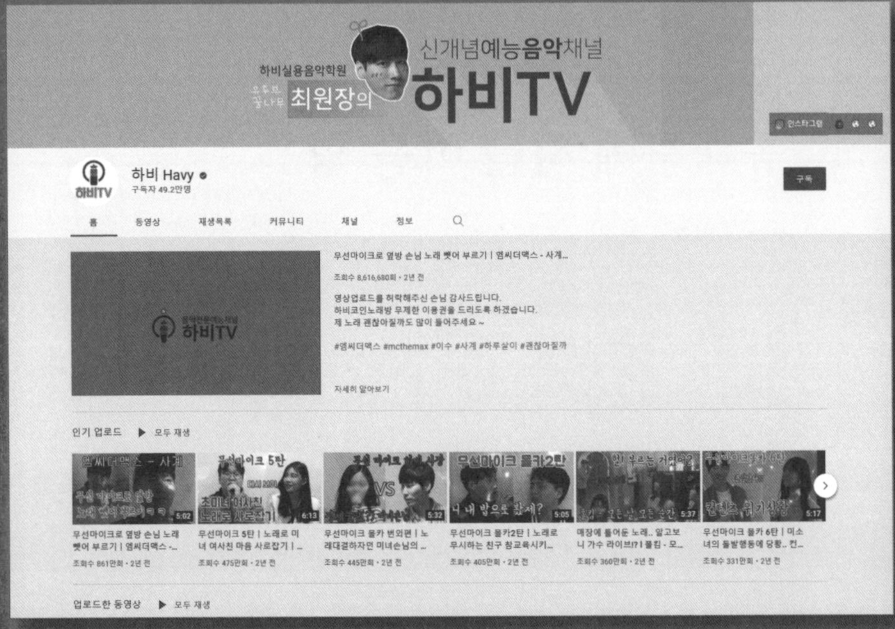

하비 Havy

▶ 카테고리 : 음악
▶ 콘텐츠 타입 : 예능

추천 영상

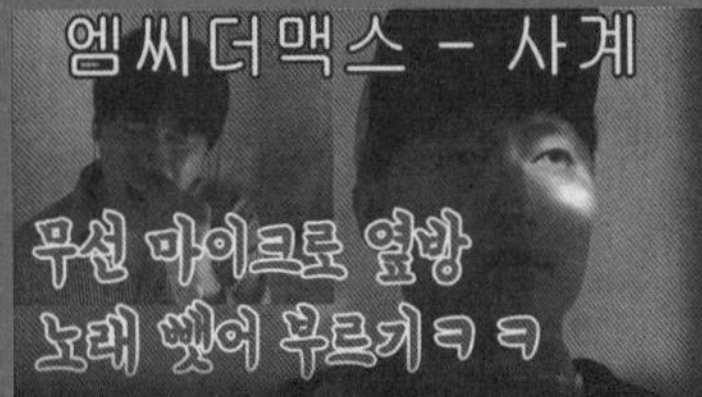

무선 마이크로 옆방 손님 노래 뺏어 부르기
조회수 8,616,786회 / 2019. 4. 30.

남사친 노래 클라쓰! 갑자기 새로이 보여! |
하비 무선 마이크
조회수 2,700,315회 / 2020. 2. 27.

하비 Havy

노래보다 웃겨서 유명해진 채널

구독자 49.5만 명

실용음악 학원 원장답게 초기에는 여러 가수의 창법을 소개하는 영상을 올리다 자신의 코인 노래방에서 노래를 몰래 불러주는 몰카 스타일 영상으로 인기를 얻었다. 무려 조회수 850만을 훌쩍 넘은 영상 덕에 노래방에서 일반인의 노래를 대신 불러주고 반응을 보는 영상을 주로 올리고 있다.

이 외에도 외국인을 불러놓고 원곡 가사를 바꿔 라면 끓이는 방법을 절절한 록 발라드로 불러 감동을 준다거나, 음치인 사람 대신 립싱크를 해주는 등의 콘텐츠가 인기를 얻고 있다. 자신이 직접 부른 커버곡 영상도 많은데, 귀가 뻥 뚫리는 시원한 고음을 감상할 수 있다. 가끔 구독자와 노래 대결을 하기도 한다.
영상이 나오는 노래 부스 뒤에는 '이 방을 이용 시 유튜브에 업로드될 수 있습니다'라는 안내문이 있다. 무인 노래방이라서 신청한 후 시간을 예약하고 알아서 찍고 가면 된다고.

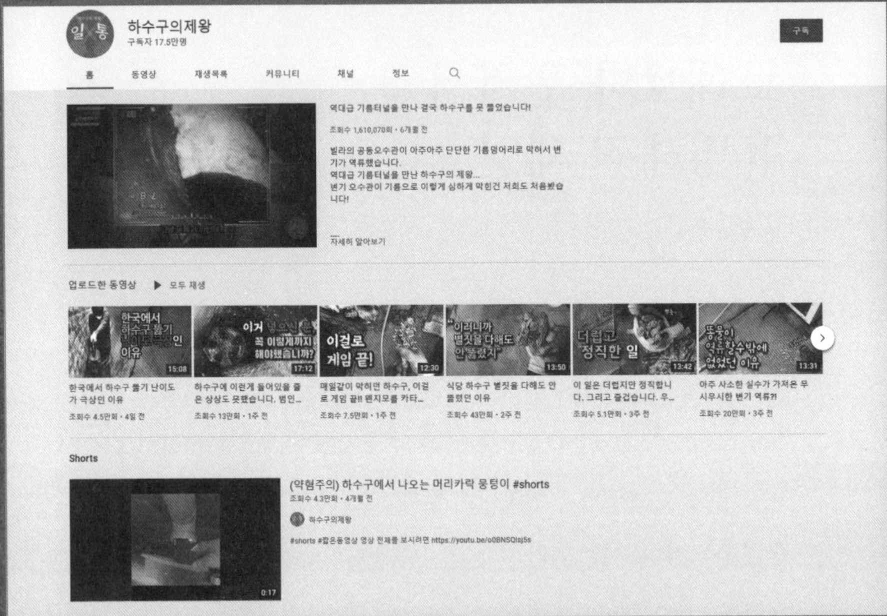

하수구의제왕

▶ 카테고리 : 이슈 / 정보 / 뉴스
▶ 콘텐츠 타입 : 하우투

추천 영상

10년간 반복된 변기 역류 때문에 배관을 시멘트로 막아야 했던 사연
조회수 1,340,689회 / 2020. 1. 2.

하수구가 와플을 만들 수밖에 없었던 이유 - 1부
조회수 5,066,497회 / 2020. 12. 28.

막힌 내 속도 확!
뚫리는 기분

구독자 19.1만 명

알 수 없는 알고리듬에 이끌려 영상을 하나둘 보다 보면 자신도 모르게 막힌 속이 뚫릴 것 같은 채널. 한 번도 안 본 사람은 있어도 한 번만 본 사람은 없다고. 썸네일로 꽉 막힌 하수구와 오물이 설정되어 있지만, 한번 보기 시작하면 어느새 영상을 정주행하는 자신을 발견한다. '일통배관'이라는 하수구업체가 운영하는 이 채널은 초기엔 하수구를 뚫는 생활 속 팁을 전해주다 점차 실제 자신들의 업무를 영상으로 소개하기 시작했다.

별것이 다 막혀 있지만 맥가이버 같은 솜씨로 시원하게 뚫어버리는 영상을 보면 자신도 모르게 박수를 치게 된다.
정말 보통 어려운 일이 아닌데, 결국 해결해내는 이들의 영상을 보면 노동의 신성함과 이런 분들의 노고가 하나씩 모여 세상이 지탱되고 있다는 것을 깨닫는다. 그리고 하수구에 절대로 기름이나 음식물 찌꺼기를 버리지 않게 될 것이다.

하이틴에이저 Hi-teenager

▶ 카테고리 : 이슈 / 정보 / 뉴스
▶ 콘텐츠 타입 : 실험, 예능

추천 영상

10대 여학생들 잘생긴 남자 앞에서 무표정하게 있을 수 있을까?
조회수 24,184,238회 / 2020. 6. 22.

10명의 남학생 예쁜 여자의 유혹에 무관심할 수 있을까?
조회수 11,109,524회 / 2020. 11. 2.

하이틴에이저 Hi-teenager

마케터가 10대를 공략하기 위해 꼭 참고해야 할 채널

구독자 190만 명

발칙하고 솔직한 10대의 입담을 담는 실험 채널.
주요 구독자층이 10대라고 하지만, 다양한 연령층이 구독하며 제법 수위가 있는 콘텐츠가 많아졌다. 하지만 말 못 할 이성 관련 고민, 이성에 대한 솔직한 10대의 마음을 알고 싶다면 꼭 한번 살펴봐야 할 채널이다.

초기에는 부모님의 마음을 알아가는 시간, 10대의 고민, 또래 이성에게 생기는 궁금증 등을 재미있게 담았지만, 구독자수가 늘고 조회수가 오르면서 점점 더 자극적인 콘텐츠가 늘어나는 것 같다. 하지만 너무 걱정하지 말자. 요즘 10대도 무엇이 중요한지 알 건 다 안다. 게다가 영상을 보면 10대는 우리 생각보다 훨씬 더 순수하다는 것을 알 수 있다. 아주 조금이라도 야한 장면이 나오면 고개를 돌리며 부끄러워하는 모습이 귀엽다. 해외 시청자들의 댓글도 활발하게 달리는 채널이다.

해리안 Harryan

▶ 카테고리 : 음악
▶ 콘텐츠 타입 : 커버

추천 영상

친남매가 부르는 'Pink Sweat - At My Worst'
조회수 5,223,221회 / 2020. 12. 14.

친남매가 부르는 'BTS - Dynamite'
조회수 3,023,683회 / 2020. 9. 3.

해리안 Harryan

찐 남매 바이브는 악뮤 말고 여기도 있다!

구독자 70.8만 명

악뮤가 톡톡 쏘는 찐 남매 케미를 보여준다면, 〈해리안〉은 훈훈한 남매 케미가 돋보인다. 〈해리안〉은 싱어송라이터이자 작사가 안형주가 운영하는 채널. 자신의 영어 이름 해리와 성을 합쳐 만든 이름이다. 함께 노래를 부르는 누나 안소윤의 개인 채널은 〈윤소안〉. 처음에는 얼굴을 드러내지 않고 혼자 커버곡을 불렀는데, 입술이 잘생겼다며 '입술미남'이라는 별명을 얻었다. 이후 얼굴을 공개하고 커버곡을 불러오다 누나와 함께 부른 'La La Land'의 삽입곡 'City of Stars'가 인기를 끌며 친남매 듀엣으로 콘셉트를 잡았다. '친남매가 부르는~' 커버곡 시리즈가 대부분이다. 국내 팬뿐만 아니라 해외 팬에게도 인기가 많은데, 둘이 함께 부른 커버곡을 모아 앨범도 발매했다.

남매이기 때문에 같이 노래를 부르지만 아이 콘택트는 많지 않다. 그럼에도 딱 떨어지는 화음에 영상마다 고막 호강한다는 댓글이 가득하다. 음플 리스트에 넣어두어야 할 채널.

65

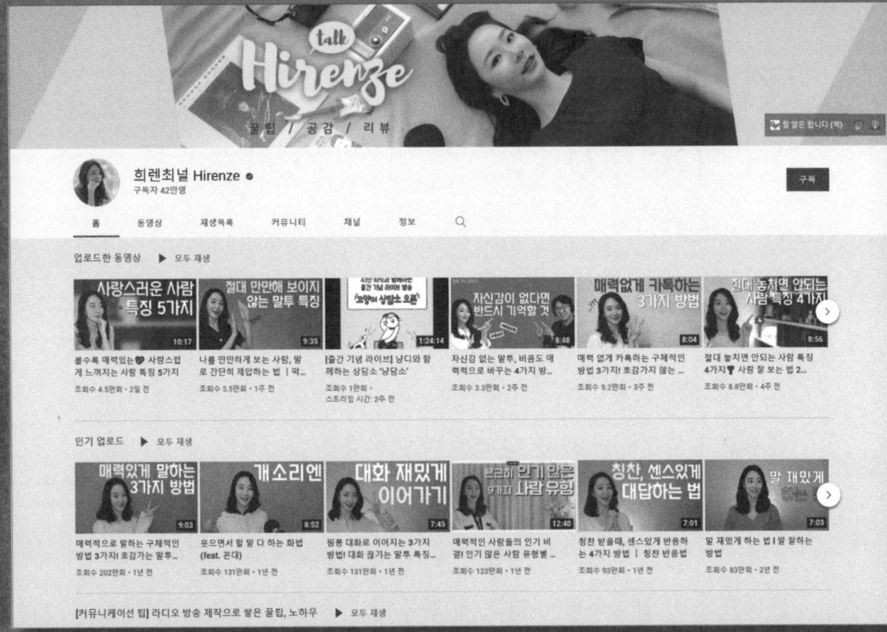

희렌최널 Hirenze

▶ 카테고리 : 이슈 / 정보 / 뉴스
▶ 콘텐츠 타입 : 하우투

추천 영상

매력적으로 말하는 구체적인 방법 3가지!
호감 가는 말투의 비밀
조회수 2,024,185회 / 2020. 1. 24.

매력적인 사람들의 인기 비결! 인기 많은 사람
유형별 특징
조회수 1,237,351회 / 2020. 4. 3.

희렌최널 Hirenze

커뮤니케이션 교육 콘텐츠의 끝판왕

구독자 45.6만 명

전직 라디오 PD이자 DJ 희렌최(최영선)가 '말'을 소재로 콘텐츠를 제작하는 채널. PD였지만 담당 DJ의 공백으로 갑작스럽게 진행자의 길을 걷게 된 희렌최는 매일 생방송 라디오를 진행한 경험을 바탕으로 시청자에게 말이 주는 힘을 설명한다.

코로나19로 대면 접촉이 줄어든 상황에서 올바른 커뮤니케이션 방법을 아는 것은 무엇보다 중요하다. 젊은 세대 중에는 전화 포비아가 있을 정도로 말을 직접 꺼내고 이어가는 것을 어려워하는 사람이 많다. 이런 사람이라면 그녀가 알려주는 하우투를 배워볼 것. 말과 화법을 이야기하지만, 사실은 커뮤니케이션과 인간관계 노하우를 전한다. 말도 결국 기술이다. 선천적으로 말을 잘하는 사람도 있지만, 결국 스킬을 배우면 누구나 더 잘 말할 수 있다. 말로 자신을 지키고, 상대방을 존중해 타인과의 관계와 자신의 삶이 더 긍정적으로 변화하기를 바란다면 반드시 구독하자.

달동네사는 싱글파이어족

히피이모 hippie

▶ 카테고리 : 일상
▶ 콘텐츠 타입 : 브이로그

추천 영상

현재 자산은 더 늘어나 있다. 돈 얘기만 하는 브이로그 35
조회수 1,928,557회 / 2021. 3. 27.

8년 차 백수는 외롭다 원룸 브이로그 41
조회수 117,808회 / 2021. 5. 8.

히피이모 hippie

노빠꾸 인생,
그래도 소중해

구독자 8.82만 명

그녀는 유튜버라면 그렇듯 처음 유튜브 채널을 만들고 자신이 좋아하는 영상을 올렸다. 키보디스트로서의 연주곡과 조금 범상치 않은 50대 여성의 솔로 캠핑 영상을 꾸준히 올리던 게 〈히피이모〉 채널이다.
그런데 이 채널이 유명해졌다. 달동네 원룸 브이로그 시리즈 덕분이었다. 혼자 살던 그녀는 해외여행을 다니다 보니 집을 너무 오래 비우게 되어 아예 원룸으로 이사했다. 우리가 아는 한남동이 아닌, 달동네 한남동의 구석구석과 자신의 일상을 보여주며 자유를 만끽하는 삶이 무엇인지 알려준다.

이모의 나이에서 오는 여유로움과 삶의 내공은 젊은 친구들에게 공감과 기운을 북돋워주는 듯. 그녀의 삶은 '현재 자산은 더 늘어나 있다. 돈 얘기만 하는 브이로그 35' 편을 보면 바로 알 수 있다(하지만 그녀 삶의 진정한 맛을 알려면 브이로그 1~3편을 우선 추천한다).

Bora Claire

▶ 카테고리 : 패션 / 뷰티
▶ 콘텐츠 타입 : 익스플레인

추천 영상

옷 살 때 알아야 할 것들 쇼핑할 때 (브랜드 옷의 원가)
조회수 144,157회 / 2019. 2. 14.

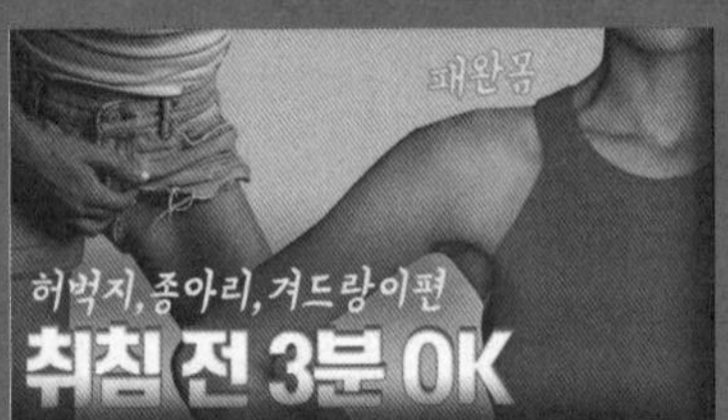

패완몸 군살 뿌시기 I 잠들기 전 허벅지 안쪽, 겨드랑이(부유방) 라인 만들기
조회수 1,557,391회 / 2019. 8. 15.

Bora Claire

옷 잘 입는 전문가 언니의 옷에 관한 모든 것

구독자 40.6만 명

믿고 보는 가성비 좋은 제품만 소개하는 패션 채널 〈보라 끌레르〉. 12년 차 패션 디자이너였던 그녀는 결혼, 출산, 육아로 경력이 단절되고 말았다. 그러던 중 자신이 가장 잘 아는 정보를 나누자는 마음으로 시작한 유튜브가 그녀의 새로운 직업이 되었다. 구독자 연령은 20대부터 50대까지 다양하다.

디자이너 출신이라 다른 패션 관련 유튜버들과는 깊이가 다르다는 평을 듣는다. 명품도 다루지만 자라나 H&M 같은 SPA 브랜드도 소개하며 실제로 유용한 코디 아이디어를 소개한다. 특히 기본템을 다루는 시리즈가 인기가 많다. 어떤 기본템을 갖추어야 하는지, 그리고 지루하지 않게 코디하기 위해서는 어떻게 해야 하는지 알 수 있기 때문에 무척 알차다.
이미 여러 패션 브랜드 및 쇼핑몰과 협업하고 있는 보라 언니. 유튜브로 자신의 새로운 직업을 만들고 당당하게 살아가는 모습이 많은 여성에게 롤모델이 되고 있다.

68

ChooChoo's Story

▶ 카테고리 : 펫 / 동물
▶ 콘텐츠 타입 : 브이로그

추천 영상

정말 친하지 않으면 불가능한 출산이 임박한 다람쥐 월리와 교감하기
조회수 14,369,507회 / 2019. 9. 28.

아기 둥지를 우리 집 현관 앞에 짓는 엄마 다람쥐 주니
조회수 2,631,658회 / 2019. 10. 1.

ChooChoo's Story

야생 다람쥐가 인간과 친해질 수 있다고?

구독자 41.2만 명

무려 조회수 1,400만 회를 돌파한 영상. '정말 친하지 않으면 불가능한 출산이 임박한 다람쥐 월리와 교감하기'. 일반인이 올린 영상 조회수가 1,000만 회 넘는 경우는 매우 드물다. 유튜브에서 댕냥이를 보며 힐링하는 사람이 많은데, 다람쥐도 그에 못지않은 힐링을 줄 수 있다는 걸 증명했다.

운영자는 캐나다의 숲속에 살고 있다. 그러다 보니 숲에서 야생동물을 만나곤 하는데, 그중 가장 친해진 동물이 다람쥐다. 다람쥐와 조심스레 교감하고, 우연히 만난 아기 사슴이 다치지는 않았을까 조용히 관찰하는 모습에서 화면 속 그가 자연과 어떻게 교감하는지 느껴진다. 이렇게 존중하고 조심하기에 자연도 품을 열어준 것이 아닐까?
사실 영상에는 소리가 많지 않은데, 그럼에도 집중할 수밖에 없는 것은 실제 야생동물과의 교감이 화면에 오롯이 담겨 있기 때문.
'물멍', '불멍' 말고 '다람쥐멍'은 어떨까?

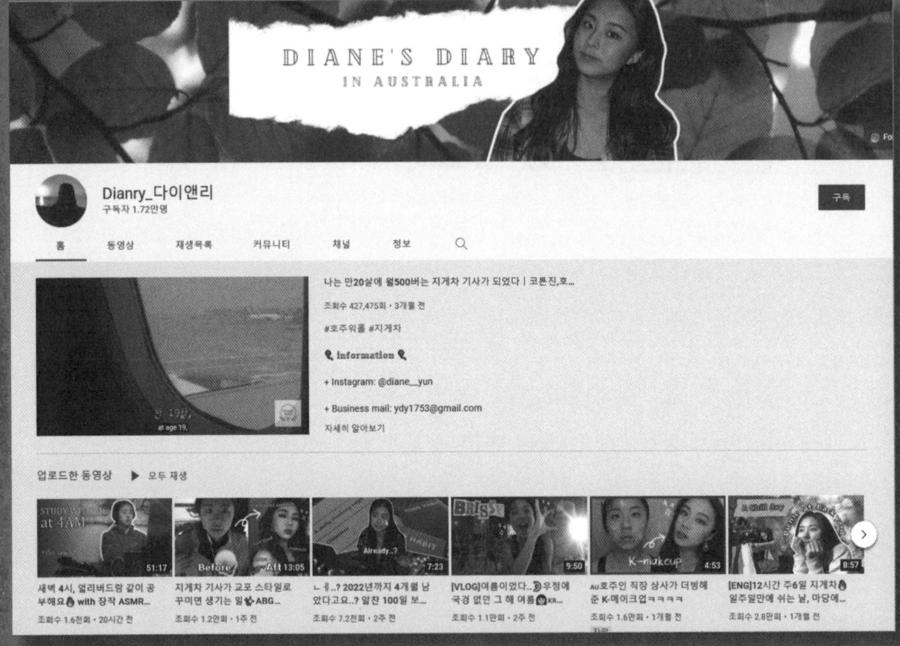

Dianry_다이앤리

▶ 카테고리 : 일상
▶ 콘텐츠 타입 : 브이로그

추천 영상

AU 호주 워킹 홀리데이 계기와 목표
조회수 26,276회 / 2020. 10. 17.

나는 만 20살에 월 500 버는 지게차 기사가 되었다
조회수 427,643회 / 2021. 6. 6.

Dianry_다이앤리

그녀가 호주에서 월 500을 벌게 된 이유는?

구독자 1.8만 명

코로나19 시국에 워홀(워킹 홀리데이)을 갔다. 잘 지낼 수 있을까? 〈다이앤리〉는 현재 호주에서 워홀을 하고 있는 윤다영 씨의 일상을 보여준다. 처음엔 아이를 돌보는 오페어(aupair)로 일하던 친화력 500%인 그녀는 워홀을 연장하며 새로운 직업을 갖게 되었다. 그녀를 유튜브에서 유명하게 만들어준 영상이기도 한 직업은 바로 '지게차 기사'.

사람들은 그런 곳에서는 여자를 써주지 않는다고 했지만, 도전적 삶을 사는 스무 살 그녀에게 불가능은 없었다. 결국 멋지게 취업에 성공했고, 또래와 비교해 많은 돈을 벌고 있다.
그녀가 호주에 온 이유는 다섯 가지. 1. 원하는 공부를 할 대학 학비 마련 2. 영어 배우기 3. 여행하기 4. 유튜브하기 5. 공부하기라고 한다. 그녀가 꿈을 이뤄가는 모습을 지켜보고 싶어진다.

70

HongGoGo

▶ 카테고리 : 여행
▶ 콘텐츠 타입 : 브이로그

추천 영상

HK #1 연락처를 교환했는데 알고 보니 홍콩 연예인?!
조회수 2,112,136회 / 2019. 4. 12.

TW 대만 '시골 대학교'에 학식 먹으러 갔다가 생긴 일(반전 주의)
조회수 1,910,660회 / 최초 공개: 2019. 6. 2.

HongGoGo

다시 태어난 전직 배우의 세계 여행 인생 유람기

구독자 23.6만 명

"다 하고 죽을 거예요."(씨익~)
사람은 자신의 인생이 언제 끝날지 모른다. 아역 배우 시절부터 다양한 작품을 하던 청년 배우는 주인공이 될 수는 없었다. 그러던 중 교통사고를 당했다. 혼수상태에 빠져 병원에 누워 있으면서 이렇게 인생이 끝날 수 있겠다고 생각했다. 한때는 배우였으나 현재는 여행 유튜버이자 아프리카 BJ로 활동하는 안재홍이 이 채널의 주인공이다.

〈응팔〉의 정봉이? 아니다. 영화 〈몽정기〉의 안재홍 배우다. 퇴원 후 그는 두 달간 번 돈 500만 원을 들고 세계 여행을 떠났다. 도전과 열정으로 떠난 그의 목표는 그리스에서 포르투갈까지 가는 도중 영화를 찍는 것. 코로나19 팬데믹이 한창일 때는 국내에서 전국 기부 여행을 떠나기도 했다. 그는 꿈이 많다. 그리고 그 꿈을 모두 이루기 위해 다시 배낭을 쌌다. 현재 그는 유럽에서 다양한 이야기를 전하고 있다. 그의 다음 여정이 궁금해진다.

71

Support us on Patreon!

Jin & Juice
구독자 80.5만명

구독

홈 동영상 재생목록 커뮤니티 채널 정보

업로드한 동영상 ▶ 모두 재생

처음으로 "공부남"처럼 입어 보면 여친의 반응은?
조회수 12만회 • 2일 전

여자친구 가족에게 불닭볶음면 x2로 혼쭐을 내줘봤다.
조회수 10만회 • 5일 전

남친한테 시비걸고 삐진뒤 야한옷을 입고 나가는척 해봤...
조회수 63만회 • 1주 전

풀 변신해서 남친을 놀래 자빠트렸다 | 충격주의
조회수 63만회 • 2주 전

[29금] 평소에 여자가 하기 난감한 질문들을 남자들한테 ...
조회수 13만회 • 2주 전

아들이 처음으로 머리가 땋였다
조회수 55만회 • 3주 전

Shorts ▶ 모두 재생

동양인이랑 사귀게 되면은..
Jin & Juice
조회수 28만회 • 1주 전

자기야 1조 주면 바람 필거야?
Jin & Juice
조회수 57만회 • 3주 전

일부러 화장을 ㅈ쳤더니 남친 반응은?
Jin & Juice
조회수 233만회 • 1개월 전

"자기야 1조원 주면 나 얼굴 개때릴거야?"라고 물어본다...
Jin & Juice
조회수 177만회 • 2개월 전

Jin & Juice

▶ 카테고리 : 일상
▶ 콘텐츠 타입 : 브이로그, 토크

추천 영상

하루 종일 남친을 오빠라고 불렀더니?(18+)
조회수 3,786,833회 / 2020. 3. 28.

흑인 여친이 이젠 한국어로도 프리스타일을 하네요
조회수 9,692,985회 / 2020. 7. 8.

Jin & Juice

한미 커플의 알콩달콩 29금 브이로그

구독자 82.9만 명

1998년생 동갑내기 세로즈(a.k.a 초콜렛 천둥, 새롬)와 명진(a.k.a 고한) 커플의 브이로그 채널이다. 세로즈는 어릴 때 한국계 할머니가 자신을 돌봐준 추억을 안고 한국에 왔다가 진을 만났다고.
만난 지 이틀 만에 연인이 된 둘은 문화와 인종의 차이에 대해서도 열린 마음으로 대화하고 함께 생각을 키워간다. 뜨거운 사랑(!) 덕에 벌써 두 아이의 부모가 되었다.

특유의 그루브와 자유로운 감성을 지닌 세로즈의 브이로그를 보면 고한이 왜 그녀에게 바로 빠져버렸는지 이해된다.
겉으로는 한없이 자유로워 보이지만 외출하는 세로즈의 노출 많은 의상을 단속하는, 알고 보면 '유교남' 고한과 그에게 종종 29금을 넘나드는 장난을 쳐 곤란하게 만드는 '유교걸' 세로즈의 토크 케미는 보는 사람의 정신을 쏙 빼놓고 웃게 만드는 킬링 포인트.
무엇이든 자신 있고 당당한 두 사람의 모습이 양국 MZ세대의 감성을 뒤흔들어 한국과 미국 구독자 모두에게 인기 있는 건 아닐까?

NAMMSE 나얼의 음악세계

▶ 카테고리 : 음악
▶ 콘텐츠 타입 : 플레이리스트

추천 영상

[NAMMSE] Earlsome Mix Playlist_02
조회수 183,373회 / 2020. 12. 13.

[NAMMSE] Earlsome Mix Playlist_14
조회수 63,471회 / 2021. 3. 5.

나얼이 픽한 플레이리스트를 여기서!

구독자 8.17만 명

멘트도 없다. 그저 2개의 턴테이블에서 음악이 번갈아 나올 뿐이다. 하지만 그의 세련된 플레이리스트를 듣다 보면 자신도 모르게 도시의 각박한 삶이, 하루의 피곤이 사라진다. 〈나얼의 음악세계〉는 나얼의 음악과 싱글, 그리고 그가 고른 플레이리스트로 이루어진 채널. 이름대로 나얼의 모든 음악 세계를 엿볼 수 있다. 한국 남성 보컬 4대 천왕 김나박이(김범수, 나얼, 박효신, 이수)의 그 나얼이 맞다!

솔, 펑크, 재즈와 팝, R&B 등 다양한 음악을 소개한다. 디지털 음원이 일반화된 시대에 LP판이 돌아가는 모습을 보며 느끼는 아날로그적 감성이 구독자들에게 찬사를 받는 중이다. 듣다 보면 레코드판의 탁탁거리는 잡음도 들리는데, 거기서 느끼는 정취가 그냥 틀어만 놔도 위안을 준다. 비밀주의자 나얼이 사람들과 소통할 공간이 생긴 것이야말로 유튜브의 가장 큰 순기능 아닐까?

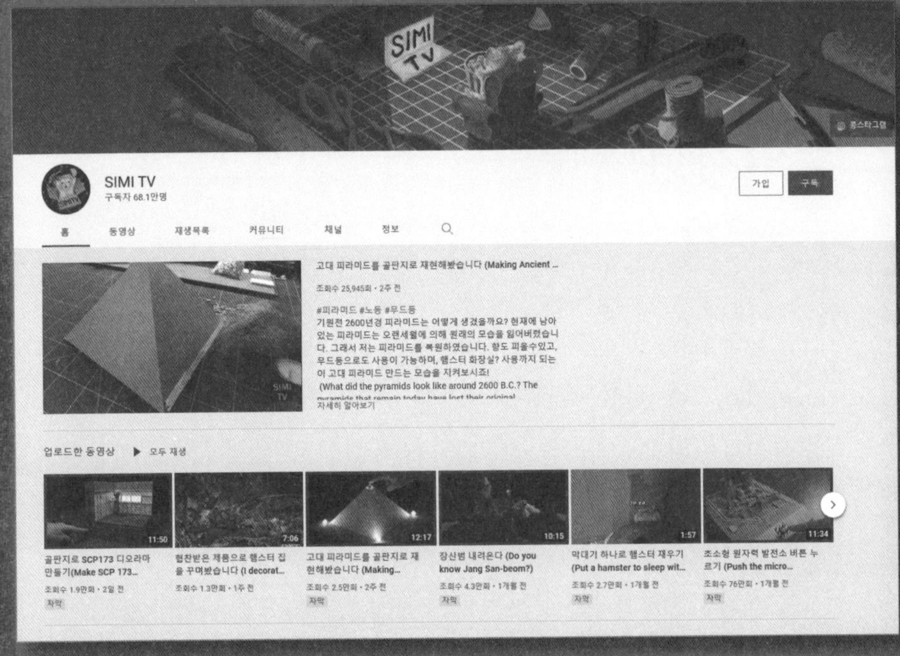

SIMI TV

▶ 카테고리 : 펫 / 동물
▶ 콘텐츠 타입 : 하우투

추천 영상

햄스터 콩이 감옥 탈출
조회수 13,685,934회 / 2019. 5. 10.

햄스터 전용 지하 벙커
조회수 10,062,201회 / 2019. 11. 28.

SIMI TV

황금손 햄스터 집사가 만드는 기기묘묘 놀이터

구독자 68.4만 명

자신이 기르는 햄스터를 위해 미니어처 놀이터를 손수 만들어준다. 그런데 그냥 금손을 넘어 황금손이다. 목욕탕, 영화관, 회전 초밥집, 감옥, 레스토랑, 대성당 등 이 정도면 햄스터를 위한 최고의 건축가라 불러도 손색없을 듯.

재료와 도구는 골판지와 칼, 목공용 풀, 3D 펜 등을 사용한다. 영상을 보면 설계부터 3D 그래픽을 사용하는 것을 알 수 있는데, 그래서인지 작품 디테일이 남다르다. 테스터로 출연하는 햄스터 콩이, 꼬망, 나나, 도담이 주요 출연자.
건축 작품 외에도 햄스터와 함께하는 일상을 영상으로 만든다.
SIMI가 햄스터의 간식을 먹어본다든가, 햄스터에게 소고기를
줬을 때 내는 소리를 들어본다든가 하는 독특한 아이템이 많다.
햄스터마다 개성이 있어 햄스터 각각의 행동을 보는 것만으로도
재미있다. 살찐 햄스터를 위해 헬스장까지 만들어주는, 나름 정성을
다하는 집사다.

YouTube TREND 2022

74

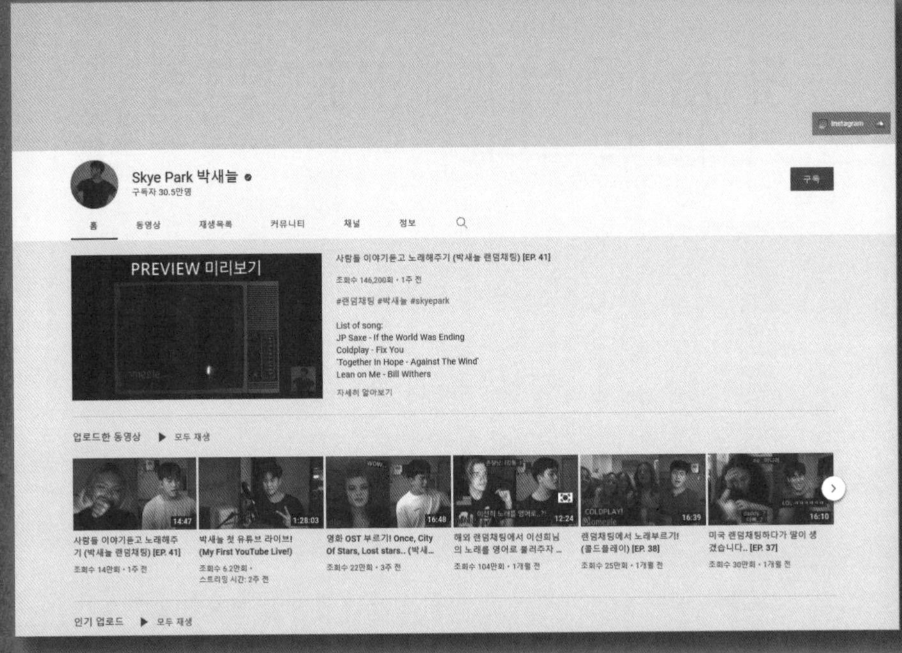

Skye Park 박새늘

▶ 카테고리 : 음악
▶ 콘텐츠 타입 : 커버, 토크

추천 영상

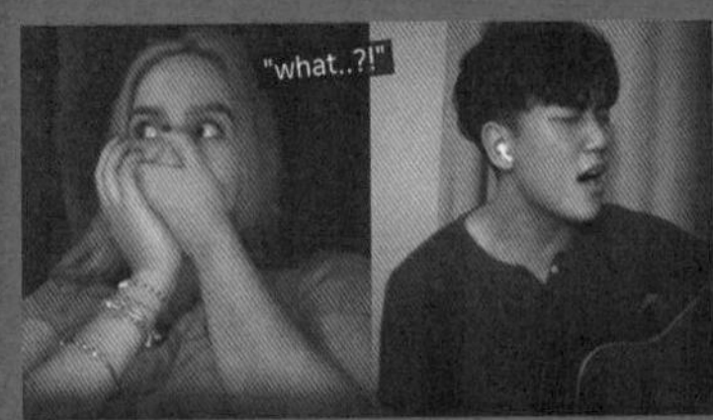

해외 랜덤 채팅에서 故 김광석 님의 노래를 영어로 불러주자 반응
조회수 3,449,519회 / 2021. 3. 31.

해외 랜덤 채팅에서 노래 부르는 한국의 일반인 (영어 주의)
조회수 891,031회 / 2021. 3. 24.

Skye Park 박새늘

저 멀리 낯선 누군가를 위로하는 올드 K-팝 싱어

구독자 30.7만 명

전 세계 사람들과 랜덤으로 화상 채팅을 할 수 있는 '오메글(Omegle)'이라는 앱에서 한 유튜버가 K-팝을 불러주며 인기를 끌고 있다.
랜덤 채팅의 특성상 별별 사람들이 모이는데, 어떤 사람은 아무 이유 없이 그에게 손가락 욕을 하기도 하고, 그의 외모에 시비를 거는 사람들도 있다. 동양인이라는 이유로 인종차별을 당하기도 한다.
하지만 많은 사람은 진실한 목소리로 부르는 노래를 듣고 진심 어린 반응을 보인다.

음악은 세계 공용어니 통하는 것이 아닐까?
영어·스페인어·한국어 등 3개 국어를 구사할 수 있는 박새늘은 유재하·김광석·이선희의 명곡을 영어로 번안해 부르기도 하며, 상대방의 이야기에 귀 기울이며 그에 걸맞은 자작곡이나 신청곡을 불러주기도 한다. 다른 나라의 낯선 누군가에게 노래로 위로를 주는 박새늘은 앞으로 해외에서 더 사랑받는 유튜버가 될지도.

75

w motion

▶ 카테고리 : FUN / 유머 / 엔터
▶ 콘텐츠 타입 : 클레이메이션, 요리, ASMR

추천 영상

홍루이젠 샌드위치 ASMR
조회수 2,312,741회 / 2019. 10. 12.

치킨 ASMR
조회수 707,798회 / 2020. 1. 13.

w motion

거짓말 치지마,
이거 점토 아니고 실물이잖아

구독자 23.3만 명

초록이, 연두, 토시, 노리가 나와 다양한 요리를 한다. 다만 한 가지 다른 점, 모두 클레이라는 것이다. 〈w motion〉은 클레이를 이용한 스톱모션 애니메이션으로 요리 만드는 영상을 업로드하는 채널이다. 리얼한 요리 ASMR은 직접 요리를 하면서 소리를 딴 것이라고. 영상 한 편을 만드는 데 1,000~1,500장의 사진을 찍고, 이를 영상으로 완성하는 데까지 2주 정도 걸린다고 한다.

특히 이 채널의 클레이메이션은 세밀한 디테일이 특징인데, 메이킹 영상을 보면 원 재료와 요리를 하나씩 만들며 모양을 잡아가는 것을 알 수 있다.
워낙 요리를 섬세하게 재현하고, 그걸 맛깔나게 먹는 모습이 훌륭해 여러 브랜드와 컬래버레이션을 하고 있다. 샌드위치 브랜드 써브웨이, 홍루이젠, 농심 너구리가 대표적. 가짜라는 것을 알면서도 한참 보다 보면 침이 고인다.

76

wineking 와인킹

▶ 카테고리 : 먹방 / 요리 / 맛집
▶ 콘텐츠 타입 : 익스플레인

추천 영상

싼 와인과 비싼 와인 가격표를 바꿨다.
전문가가 속을까?
조회수 895,651회 / 2021. 6. 28.

세상에서 제일 싼 와인을 대접했다 -
칼로로시 와인
조회수 1,535,803회 / 2020. 8. 3.

wineking 와인킹

무려 8개 국어를 하는 몸짱 와인 전문가

구독자 28.6만 명

큰 키와 다부진 몸매 때문에 혹시 헬스 유튜버가 아닐까 생각한다면 그야말로 오산! 와인킹은 프랑스, 스페인, 이탈리아에서 와인 석사 학위를 받은 와인 전문가다.
전 세계 400여 명뿐인 마스터즈 오브 와인(MW) 두 사람을 스승으로 두었으며, 미국 캘리포니아주 소재 와인 회사에서 근무 중이다.

다양한 와인을 테이스팅하는데, 입담 좋은 스승님과 함께 테이스팅하면서 여러 와인을 소개한다. 가끔은 싼 와인으로 스승님을 속이기도 하는데, 30년 차 와인 마스터가 속는 모습이 인기가 많다.
구독자 10만을 돌파한 후 와인병으로 운동을 하며 〈북두의 권〉 패러디 영상을 만들어 올려 '북두신권 계승자'라는 별명도 생겼다.
전 세계 와인 관련 유튜브 채널 중 구독자가 가장 많다고.
와인 숍 갈 때 한번 훑고 가길 추천한다.

yuza asmr

- ▶ 카테고리 : 음악
- ▶ 콘텐츠 타입 : ASMR

추천 영상

티파니에서 아침을, moon river와 타자기 소리
조회수 114,538회 / 2021. 5. 13.

깊은 숲속, 토토로 배 위에서 공부하기
조회수 26,617회 / 2020. 11. 8.

yuza asmr

상상하는 모든 공간의 소리를 들려주는 소리 맛집

구독자 7.49만 명

〈하이큐〉의 히나타와 카게야마는 연습한 후 어떻게 공부할까? 밖에는 비가 내리고.
'달러구트 꿈 백화점'에 가면 어떤 소리가 날까? 층마다 나는 소리에 귀를 기울여보자. 우리의 상상력을 ASMR로 만들어주는 채널이 〈yuza asmr〉이다. 실제 귀 기울여 들으면 자신도 모르게 상상 속 그곳에 들어와 있는 듯한 느낌이 물씬 든다.
주로 말랑말랑한 ASMR이 많다.

애니메이션 속 상황이나 영화 장면을 상황으로 설정해 ASMR로 소개하는데, 취향에 맞는 상황을 고르는 맛이 쏠쏠하다. 이렇듯 스토리를 입혀 소개하니 댓글에도 자신의 추억이 담긴 장면을 ASMR로 만들어달라는 요청이 줄을 잇는다.
소리만으로 영화·애니 여행을 떠나고 싶을 때, 그림을 그리거나 원고를 쓰거나 공부할 때 편안하게 들을 음악이 필요하다면 〈yuza asmr〉 영상을 틀어놓자.

유튜브 트렌드 2022
압축된 세계, 유튜브 경제 시대의 탄생

초판 1쇄 인쇄 2021년 11월 9일
초판 1쇄 발행 2021년 11월 14일

지은이 김경달, 씨로켓리서치랩
펴낸이 황윤정
펴낸곳 이은북
출판등록 2015년 12월 14일 제 2015-000363호
주소 서울시 마포구 동교로12안길 16, 삼성빌딩B 4층
전화 02-338-1201
팩스 02-338-1401
이메일 book@eeuncontents.com
홈페이지 www.eeuncontents.com
인스타그램 @eeunbook

책임편집 황윤정
디자인 이미경
표지디자인 김영철
교정 김한주
마케팅 황세정, 최유빈
인쇄 스크린그래픽

ISBN 979-11-91053-11-1 (13320)